AF329672

R.-A. LORTAT-JACOB

Avocat à la Cour d'Appel de Saïgon

Délégué de la Section Cambodgienne do la Ligue des Droits d'

SAUVONS L'INDO-CHINE !

Politique & Vérité

« *Je ne laisserai pas attaquer*
« *le principe fondamental de*
« *l'idée républicaine parce qu'un*
« *homme l'a mal représentée.* »

L'Auteur.

PARIS

ÉDITIONS DE " *LA GRIFFE* "

JEAN LAFFRAY, Directeur

29, Rue Saint-Georges.

POLITIQUE & VÉRITÉ

R.-A. LORTAT-JACOB

Avocat à la Cour d'Appel de Saïgon

Délégué de la Section Cambodgienne de la Ligue des Droits de l'Homme

SAUVONS L'INDO-CHINE !

Politique & Vérité

« *Je ne laisserai pas attaquer*
« *le principe fondamental de*
« *l'idée républicaine parce qu'un*
« *homme l'a mal représentée.* »

L'AUTEUR.

PARIS

ÉDITIONS DE " *LA GRIFFE* "

JEAN LAFFRAY, Directeur

29, Rue Saint-Georges

CHERS LECTEURS,

« A CHACUN SON DU »

Notre but, dans cet ouvrage, n'est point d'accabler un homme pour en blanchir un autre, mais de « Rendre à César ce qui appartient à César ».

Au cours de notre Politique indochinoise de ces derniers temps, des adversaires ont été présence et ont engagé leur responsabilité: ils se sont appelés: ou Varenne, ou Aymard, ou de Lachevrotière, ou Colonna, ou même Léon Perrier; peu nous importe. Lorsqu'à notre point de vue et, en toute impartialité, ces personnages seront critiquables, nous l'exposerons avec loyauté; et, de la même façon, nous leur témoignerons notre approbation lorsqu'ils nous sembleront la mériter.

En conséquence, que ceux qui cherchent un ouvrage de polémique s'abstiennent : ils ne le trouveront pas dans celui-ci, qui n'est qu'un travail de recherche de la Vérité et qui frappera aveuglément ceux qui s'en seront écartés.

Notre rôle est d'ailleurs des plus faciles, car nous n'apportons aucune allégation sans preuves et que celles-ci ont leur éloquence propre, en dehors même du texte qui, seul, est notre œuvre.

R. L.

INTRODUCTION

VERITE SUR LA POLITIQUE ACTUELLE
EN INDOCHINE

On sait que bien peu de voix indochinoises, tant françaises qu'annamites, se sont élevées pour défendre la politique de M. Varenne : M. de Lachevrotière et ses amis lui sont hostiles, les autres le tiennent pour suspect et souvent néfaste, quant aux Annamites, il les a profondément déçus; aussi, malgré leur goût immodéré des banquets, nous n'en avons pas vu figurer un seul aux agapes qui, à Paris, ont eu pour but de louanger l'œuvre du Gouverneur Général de l'Indo-Chine.

Cette impopularité est un fait brutal, matériel, indéniable, et sa raison d'être tient en deux mots:

L'un prononcé par M. Varenne :

« Les opinions politiques de France n'ont rien
« à faire en Indo-Chine, au moins pour mainte-
« nant.

. . . .

« Je ne veux pas savoir ce qui s'est passé
« avant moi en Indo-Chine, j'ai l'intention de
« n'admettre ici d'autre responsabilité que la
« mienne. »

L'autre, de M. Bui-Quang-Chieu, dénonçant *« ce besoin de plus de justice et d'humanité »*.

En un mot, comme le lui dit un journal local : M. Varenne a « passé l'éponge », comme si, souverain absolu, il avait le droit, sans déni de justice vis-à-vis des victimes des anciens abus, de prononcer, sans vouloir les connaître, une amnistie pleine et entière pour les crimes qui avaient été perpétrés avant son arrivée.

De là à couvrir, par la suite, les nouveaux, il n'y avait qu'un pas. M. Varenne l'a franchi immédiatement et, entouré des mêmes collaborateurs, il continua une politique que, nouveau venu, il était dans l'impossibilité de diriger, étant donné son inexpérience des choses de l'Indo-Chine. Aussi la sécurité qu'il assura aux coupables augmenta-t-elle leur prédominance, redoubla-t-elle leur audace et leur permit-elle de s'adonner à une recrudescence de représailles?

Conformément à la déclaration formelle qu'il a faite, M. Varenne est donc responsable, en même temps que de ses propres actes, du nombre incalculable de faits blâmables reprochés à ses collaborateurs, faits qu'on ne lui imputerait pas s'il avait sévi ou simplement essayé de sévir.

Vous pensez si, aussitôt après sa « Déclaration Conforme », tous ceux, qui avaient la conscience chargée, se sont sentis allégés d'un poids, pendant qu'un sentiment de tristesse envahissait la masse.

Les Annamites comprirent tout de suite que la politique serait la même qu'auparavant, et leur mécontentement se traduisit, chez les uns, par des grèves de toutes sortes, pendant que quelques autres cherchaient un appui dans les tracts révolutionnaires et répandaient en Indo-Chine ceux dont vous avez entendu parler.

Ce ne sont pas les tracts qui ont propagé le mécontentement, mais c'est le mécontentement qui a été la cause de l'introduction des tracts révolutionnaires : IL NE FAUT PAS CONFONDRE.

Le désappointement populaire fut plus profond que jamais, car, un Gouverneur Général socialiste : c'était le suprême espoir de ce peuple, et ce suprême espoir était déçu, non point que la politique franchement républicaine n'ait pas été celle qu'il fallait, mais parce que le Gouverneur socialiste qu'on leur envoyait déclarait lui-même ne pas vouloir la faire régner.

Telles furent les raisons des grèves et de l'activité révolutionnaire de certains Annamites, les causes du mécontentement de l'élément français républicain, qui voulait cette politique de collaboration franco-annamite, et de l'élément intellectuel indigène qui ne voulait peut-être pas tant « des libertés plus grandes ou de nouvelles réformes » que cette politique simple « du plus de justice et d'humanité ».

C'est cette thèse, avec documents à l'appui, que nous nous permettrons de développer dans les pages qui vont suivre.

POLITIQUE & VÉRITÉ

PREMIERE PARTIE

DIVISIONS DES PARTIS POLITIQUES EN INDO-CHINE

> « *S'arrêter devant l'injustice qu'on*
> « *peut combattre est un crime contre*
> « *l'Humanité.* »
> TURGOT.

Les partis de gauche soutiennent à l'heure actuelle de la part de « La Liberté » une attaque vigoureuse contre la base fondamentale des idées républicaines et son application aux colonies françaises : on essaie d'imputer à leurs doctrines et à leurs principes l'état de malaise et de mécontentement qui règne en Indo-Chine.

Nous avons conscience qu'au-dessus des gens qui représentent la France d'une façon plus ou moins digne ou d'une façon plus ou moins averti, il y a une méthode à défendre et que nous ne devons pas laisser sacrifier nos principes pour sauver un homme.

Nous sommes, au contraire, certains que notre devoir est de démasquer la réalité des faits et de maintenir intacts nos enseignements et la foi

que nous avons en eux, dussent-ils entraîner
l'improbation de M. Varenne.

. . . .

Dans les colonies françaises, et plus particulièrement en Indo-Chine, il y a deux méthodes
de colonisation que j'appellerai : la méthode
égoïste et la méthode altruiste.

La méthode égoïste consiste à enlever à l'indigène tout ce qui semble réalisable, soit de suite,
soit à échéance retardée, à exploiter — légale-
ment, autant que possible, — la main-d'œuvre
qu'il fournit et à tirer de cette collaboration tous
les bénéfices possibles.

La méthode altruiste consisterait, au contraire,
à éduquer l'indigène et à s'en faire un véritable
collaborateur, qui retirerait aux côtés de celui
qui l'éduque une partie des bénéfices résultant du
travail auquel il aurait été associé : en un mot,
à lui donner avec justice et loyauté la part qui
lui reviendrait dans cette association d'efforts.

Le premier enrichit très rapidement ceux qui
le pratiquent, mais nous fait haïr de la population, et nous fera chasser de l'Indo-Chine avant
peu : ses moyens de réalisation sont les abus
d'autorité et le silence.

Les abus d'autorité se réalisent par l'obten-
tion de privilèges, de subventions, de marchés
savoureux passés de gré à gré et par l'accapa-
rement souvent irrégulier des terres domaniales,
tous avantages généralement rétrocédés immédiatement au public sous forme de sociétés, au
grand bénéfice de ceux qui les ont obtenus... et,
nous le supposons... de ceux aussi qui les ont ac-
cordés.

Le silence vient ensuite, en collaborateur nécessaire, compléter l'œuvre entreprise, et sa pratique engendre le classement sans bruit de toutes les réclamations et protestations des honnêtes gens et des indigènes, les subventions considérables à la presse, tant Indo-Chinoise que métropolitaine, et enfin la surveillance et l'interception, au besoin, de la correspondance privée (1).

CIRCULAIRE 541 C
du 24 juillet 1925

A tous résidents,

. . . .

« Je vous recommande. . . . .

. . . .

« Enfin, de vous entendre avec les receveurs
« pour instituer la surveillance de la correspon
« dance ou écrits de toute nature en vue de leur
« interception éventuelle.

« Signé : BAUDOIN. »

Le second système, par contre, est le seul qui nous permettra de rester définitivement en Indo-Chine, comme en un pays ami, où nous serons connus, aimés, respectés et où nos enseigne-

---

(1) Note. — Il ne faut pas considérer que nous faisons rentrer dans les profiteurs, tous les coloniaux qui soutiennent les partisans de la première méthode.

Il est beaucoup de braves gens qui, par influence, par relations mondaines, par amitiés antérieurement contractées, en un mot par l'ambiance d'un milieu de la haute société qu'ils subissent, appuient cette politique, croyant faire « Œuvre Française ».

Nous tenons hautement à dire que ceux-là ne trouvent aucune part dans nos critiques, et que, sans la partager, nous respectons leur opinion fut-elle contraire à la nôtre.

ments, suffisamment rémunérés d'ailleurs, auront amené une source de richesse et mérité la confiance.

Depuis la guerre, avec la hâte de faire rapidement fortune, le premier système a prévalu.

La crise financière que traverse la France a beaucoup aidé au développement de l'Indo-Chine en lui faisant recevoir, d'un peu partout, les capitaux en méfiance dans la Métropole, et ce pays fertile, prospère, ayant son système monétaire à lui, a vu affluer les capitaux français qu'un reste de pudeur empêchait d'expédier à l'étranger : il y a eu suroffre.

Pour exporter des capitaux, il fallait créer des affaires; et, pour créer des affaires, des gens bien placés ont fait l'inventaire de tout ce qui pouvait avoir une valeur plus ou moins immédiate sur laquelle ils pouvaient faire main basse avec la complaisance ou la complicité des pouvoirs publics.

Les indigènes ont donc été spoliés de richesses qu'ils n'étaient pas encore en état d'exploiter eux-mêmes, mais qu'ils auraient pu exploiter à leur bénéfice un peu plus tard : et, comme ils ne sont pas dénués de bon sens, ils se sont très bien rendu compte que ces accaparements étaient obtenus pour des sommes infiniment au-dessous de leur valeur réelle estimée d'après les revenus qu'ils pouvaient procurer.

Voilà comment se sont constituées les deux grandes tendances qui se sont manifestées en Indo-Chine et qui ont créé les deux partis en présence : le parti de la Ligue de l'Ordre et le parti Annamitophile.

. . . .

M. Varenne nous dit :

« *Les opinions politiques de France n'ont rien* « *à faire en Indo-Chine en ce moment* », et il se trompe. Car si ces deux partis n'ont pas d'étiquettes absolues, c'est-à-dire d'étiquettes de France, ou si ces étiquettes n'encadrent pas d'une façon parfaite les groupements d'individus; il y a, au moins, le parti de ceux qui essaient de mettre la main sur tout, de profiter, d'accaparer et de monnayer tout avec la complicité des pouvoirs publics... et l'autre. ...Et c'est le premier qui traite de bolchevicks ceux qui ne veulent pas laisser piller nos colonies.

Il se compose, effectivement, celui-là, d'un ensemble hétéroclite de gens sans opinions définies qui n'ont pour ralliement que le billet de banque. Et M. Varenne, qui n'a pu ou voulu être entouré que de ceux-là, en les regardant, a raison de dire ce qu'il dit.

Mais il y a l'autre parti : celui qu'il a **voulu** ignorer le plus possible : celui qui veut « plus de justice et d'humanité », qui s'oppose à ce qu'on dépouille l'indigène de ce qu'il possède, qui s'oppose à ce qu'on le traite en « peau-rouge », mais qui veut qu'on lui réserve l'espace nécessaire à son développement futur sans le resserer dans des bornes étroites où il étouffera bientôt.

Ce parti cherche la base de la colonisation dans une sympathie réciproque tendant à supprimer, dans l'avenir, les sources de conflits.

Celui-là — (bien qu'aujourd'hui, en France, il cherche à s'en réclamer), — M. Varenne l'a ignoré, il a d'ailleurs évité le plus possible tout contact avec lui.

Ce parti est moins nombreux : ce sont les minoritaires, mais aussi plus homogène, puisqu'il ne saurait être divisé par des intérêts opposés. Il contient, d'une façon générale, les républicains de gauche, ceux dont les groupements savent encore défendre les idées généreuses et faire des campagnes désintéressées ayant pour but la reconnaissance de nos erreurs et la réparation des injustices par nous commises.

Ce dernier parti, plus rapproché des Annamites, par la collaboration affectueuse qu'il voudrait établir entre les deux races, se croyait, au début, sentimentalement plus près de M. Varenne et avait vu arriver ce Gouverneur Général avec une satisfaction que justifiaient ses espérances.

CHAPITRE PREMIER

ARRIVÉE DE M. VARENNE EN COCHINCHINE

M. Varenne arriva au mois de Novembre, ignorant tout des aspirations du peuple indo-chinois; il donna l'impression presque immédiate, non seulement de n'être pas préparé pour la grande œuvre d'épuration que ce peuple attendait de lui, mais d'être même dans l'impossibilité d'expédier les affaires courantes : c'est-à-dire incapable de faire un mauvais intérimaire.

Nous eûmes l'impression que, s'il ne donnait pas parmi ses collaborateurs « ce fameux coup de balai » dont la nécessité s'imposait d'urgence, ce n'était peut-être pas que le désir lui en manquât, mais c'était en raison de l'impossibilité où il se jugeait de faire quoi que ce soit sans eux. Et, dans la crainte de se noyer, il se raccrochait à n'importe quoi, *même à des planches pourries.*

Huit jours, d'ailleurs, ne s'étaient pas écoulés depuis son arrivée que, pour masquer sa carence en tout ce qui concernait les affaires d'Indo-Chine, M. Varenne déclarait :

« Je ne puis refuser, de plano, sans examen,
« les services de vieux collaborateurs et les
« empêcher de faire leur carrière. »

Un espoir restait encore, c'était qu'il choisît parmi ses collaborateurs « un mentor » sûr et capable.

Il l'avait à sa portée en la personne de M. Monguillot, son secrétaire général, homme qui avait déjà, par deux fois, assuré l'intérim de gouverneur général, à la satisfaction de tous, mais dont la comparaison, difficile à soutenir pour M. Varenne, et le caractère froid et peu enclin à la flatterie, ne plurent pas au nouveau chef de la colonie, qui préféra prêter l'oreille à des insinuations tendancieuses... et moralement l'éloigner.

Le 28 novembre 1925, les groupes républicains, sentant déjà le danger, tentèrent un véritable effort et furent aussi nets, qu'il leur était permis, en conservant le respect dû au représentant de la France.

« Mais il est de notre devoir, dit M. Ardin, de

« vous mettre en garde contre les tentatives
« d'enveloppement qui seront faites autour de
« vous et qui déjà furent faites.

« *Nous avons expliqué de vive voix et vous*
« *avez compris les manœuvres qui, sous prétexte*
« *de vous apporter le salut des corps constitués,*
« *vous associèrent à une manifestation politique*
« *dont l'unique but était de* tromper la masse
« française et indigène, *cette masse qui forme*
« *ses idées et son jugement* UNIQUEMENT SUR CE
« QU'ELLE VOIT.

« *Il fallait donc jeter de la poudre aux yeux et*
« *laisser croire à tous que l'homme qui arrivait*
« *de France pour prendre le gouvernement de*
« *l'Indo-Chine était de la lignée de beaucoup de*
« *ses prédécesseurs et, disons le mot, Monsieur*
« *le Gouverneur Général, prêt à toutes les capi-*
« *tulations.*

« *Nous avons refusé à nous prêter à toute cette*
« *comédie et nous avons attendu patiemment —*
« *car la patience est maintenant pour nous une*
« *habitude — que notre heure, celle des expli-*
« *cations sincères, soit venue.*

. . . .

« *Si nous acceptions des hommes tels que*
« *M. Monguillot, au républicanisme duquel nous*
« *sommes heureux de rendre hommage, nous*
« *voyons graviter autour de vous, Monsieur le*
« *Gouverneur Général, des hommes demeurés*
« *contre toute attente au sommet de la hiérar-*
« *chie administrative, auxquels nous reprochons*
« *d'avoir trop souvent mis leur autorité au ser-*
« *vice de leurs attaches politiques.*

« *Si certains d'entre nous sont capables de*
« *comprendre les nécessités administratives aux-*
« *quelles vous êtes astreint, nous devons vous*
« *avouer que la plupart de nos amis*, émus dans
« leur attente loyale et leur sympathie pour
« vous, *se sont inquiétés et ont éprouvé* UNE
« ANXIÉTÉ QUI RISQUERAIT, EN SE PROLONGEANT,
« DE SE TRANSFORMER EN MALAISE, MÊME EN MÉ-
« CONTENTEMENT DURABLE. »

L'Echo Annamite du 30 novembre 1925 repro-
duisait ces paroles dans un article où l'on sent
se glisser la déception :

« *Vendredi, dans l'après-midi, recevant, une*
« *heure avant l'imposante délégation annamite,*
« *les délégués des associations républicaines de*
« *l'Indo-Chine : partis radical et radical-socia-*
« *liste, Ligue de la République, Ligue des Droits*
« *de l'Homme, Patronnage laïque, etc., etc...,*
« *M. Varenne a fait* DES DÉCLARATIONS SYMPTOMA-
« TIQUES D'UN ÉTAT D'ESPRIT... INATTENDU, *après*
« *celles beaucoup plus catégoriques et plus nettes*
« *qu'il avait faites jusque-là.* »

Voici donc déjà les Annamites sentant que rien
ne serait changé, et surtout qu'aucune sanction
ne serait prise contre les auteurs de tous les actes
d'arbitraire du passé !

Ce qui permettait à *La Libre Cochinchine* du
28 novembre de publier l'article :

« *Vlà l'éponge, la belle éponge!*
« Quantum mutatis ab illo!
« *La nomination de M. Varenne au gouverne-*
« *ment général de l'Indo-Chine avait jeté quel-*
« *ques troubles dans les hautes sphères adminis-*

« tratives où bon nombre de fripouilles se sen-
« taient en danger; d'autre part, les espoirs de
« justice, de propreté, de liberté se faisaient jour
« un peu partout.

« Les discours de M. Varenne faisaient, en
« effet, entrevoir son intention de nettoyer les
« écuries d'Augias.

« Cependant, dès son arrivée à Saïgon, le bruit
« se répandait qu'il n'y aurait rien de changé des
« propos tenus par le nouveau gouverneur au
« cours de conversations circulaient de bouche
« en bouche. » « Je fais table rase du passé;...
« je passe l'éponge... » Chacun s'est demandé ce
« qui avait pu transformer à ce point le fervent
« socialiste dont on attendait tant de réformes. »
Article que suivit, huit jours plus tard,
5 décembre, dans le même journal, l'article :
« Cruelle énigme », qui conclut ceci :

« Pourquoi, je vous le demande, parler tout
« le temps de République en un pays où la
« piastre est souveraine? Vaut-il mieux appeler
« les choses par leur nom?

« Aussi, M. Varenne, dont le drapeau, jadis,
« était du rouge le plus éclatant, l'a-t-il vu sans
« regret perdre peu à peu de sa couleur primi-
« tive pour descendre, sous l'influence du soleil
« tropical, au rose le plus délicat auquel est venu
« se joindre le mauve des horizons lointains. Et
« ce mélange de couleurs a produit une teinte
« indéfinissable qui ressemble étonnamment à
« celle dont a fait choix la Banque de l'Indo-
« Chine pour ses billets de 100 piastres.

« N'empêche que l'angoisse est grande parmi

« ces pauvres républicains qui se demandent
« avec anxiété si, tout comme M. Outrey,
« M. Varenne ne se foutrait pas de la Répu-
« blique.

« A. F. L. »

Enfin, la conduite de M. Varenne permit par la suite à M. Nguyen-an-Ninh d'écrire :

« *Ne fondez pas trop d'espoir sur le gouver-*
« *neur général socialiste qu'on vous a envoyé; il*
« *est venu pour vous tromper. Il parle beaucoup,*
« *mais ne vous donnera rien.* »

Il est facile de voir par ces documents comment le mécontentement gagna chaque jour le peuple annamite jusqu'à lui faire demander ouvertement notre départ.

« *Il n'y a point de collaboration possible entre*
« *Français et Annamites. Les Français n'ont*
« *plus rien à faire ici. Qu'ils nous rendent la*
« *terre de nos ancêtres. Qu'ils débarrassent le*
« *plancher et nous laissent nous diriger nous-*
« *mêmes.* »

CHAPITRE II

ARRIVÉE DE M. VARENNE AU TONKIN

Après son court séjour en Cochinchine, M. Varenne regagna le Tonkin, où il fut accueilli à Hanoï par les acclamations de la foule, mais cet homme, qui déclarait, le 1er juin 1926, que les couleurs politiques n'avaient rien à voir en Indo-Chine, avait oublié que ce que le peuple acclamait : ce n'était pas un M. Varenne quelconque qu'il ne connaissait pas et n'avait jamais vu ; mais le « socialiste » Varenne. C'est en cette qualité de « socialiste » que M. Varenne recevait un accueil enthousiaste et que les acclamations le saluaient ainsi :

« Vive le socialiste Varenne !

« Grâce pour Pham-boi-Chau !

« A bas le colonialisme à la trique ! »

C'était clair !

M. Varenne écouta d'une oreille et gracia Pham-boi-Chau, mais ferma l'autre aux cris de la foule, qui, au milieu des acclamations, lui traçait une ligne de conduite, celle que les partis de gauche, quelques jours auparavant, à Saïgon, lui avaient demandé de suivre.

Donc, au Tonkin comme en Cochinchine, une seule pensée hantait la population tout entière, une nouvelle politique, une politique plus républicaine.

. . . .

La grâce de Pham-boi-Chau

Au milieu des critiques, parfois vives, que soulèvera ici la politique de M. Varenne : nous devons nous arrêter un moment devant ce geste, car si M. Varenne n'a fait qu'un geste à retenir, un geste noble et bien français dans sa carrière indo-chinoise, il a fait celui-là. Il faut l'en louer sans réserve : nous avions déjà dans l'histoire de la France : l'assassinat du duc d'Enghien : un deuxième acte semblable aurait constitué contre la France un délit d'habitude. M. Varenne a réparé l'excès de zèle de Jeanbraut, félicitons-le avec la même sincérité que nous le critiquerons tout à l'heure et réjouissons-nous que cet acte ait été accompli.

La série des actes de M. Varenne, qui a suivi, nous permet de nous demander parfois si, après un an de gouvernement, M. Varenne aurait eu la même répulsion pour cet abus de pouvoir et cette violation de la souveraineté d'autrui.

En tout cas, il venait d'arriver, tenons-nous-en au fait lui-même, il est louable, sans limite et sans restriction.

Malheureusement, on essaya de jouer au plus malin et de baser un marchandage sur un geste qui aurait dû être complètement gratuit; et on invita Pham-boi-Chau à faire des conférences francophiles dans les écoles.

On vit alors le condamné à mort d'hier, le chef du parti « républicain » annamite de demain, cérémonieusement convoyé aux côtés de M. Pasquier, Résident Supérieur, jouer, au nez et à la barbe du Souverain d'Annam et de ses ministres, le rôle du personnage officiel.

Ce fut maladroit et grotesque : ce fut maladroit parce que cela affaiblissait l'autorité morale de l'empereur d'Annam, au nom duquel le Protectorat exerce les pouvoirs : ce fut grotesque, parce qu'on s'aperçut au bout de peu de temps que Pham-boi-Chau faisait, en réalité, sous le couvert officiel, des conférences d'un caractère douteux dans ce genre :

« *a*) But de la création des écoles. — *D'après*
« *le programme de l'Instruction publique, les*
« *élèves diplômés du collège de Quôc-Hoc sont*

« admis à l'Université d'Hanoï. Sortis de l'Uni-
« versité, les lauréats sont admis dans les admi-
« nistrations publiques françaises ou dans l'ad-
« ministration indigène ; ou bien ils sont nommés
« fonctionnaires avec les appointements de 100 à
« 200 piastres et au-dessus. La poche pleine, ils
« boivent les vins français, ils prennent les repas
« français, ils portent les costumes français, ils
« habitent les maisons françaises, ils demeurent
« dans les quartiers français, ils se paient tout
« ce qu'ils désirent. Fiers ils se pavanent et
« présentent bien l'air d'une classe d'esclaves
« privilégiés. Tel est le résultat tangible de l'en-
« seignement. Oui, il en est ainsi. En fondant
« des écoles, le gouvernement a-t-il voulu former
« une élite d'hommes de talent qui se transfor-
« ment en une infinité de gourdes à contenir du
« vin français, de goinfres à dévorer des repas
« français, des porte-manteaux à exposer des
« vêtements français, de mannequins se pava-
« nant dans des voitures françaises, afin de mul-
« tiplier énormément la clientèle des commer-
« çants français ? A-t-il voulu gaspiller à ce point
« ses ressources ? — Non, en créant des écoles, le
« gouvernement ne peut avoir poursuivi un but
« si arriéré... Je suis sûr que ce n'est pas possi-
« ble. »

(Tournée de conférences dans les établisse-
ments scolaires de M. Pham-boi-Chau.)

Ni M. Varenne ni M. Pasquier ne s'en sont
jamais vantés.

Mais nous avons à retirer un enseignement
psychologique de ces gestes publics. Arrêtons-
nous et notons au passage ce travers administra-

tif colonial, symptomatique de la Toute-Puissance : c'est que *la Justice n'est pas un droit, mais une faveur qu'il faut mériter...* et Pham-bôi-Chaû payait sa grâce avec sa monnaie propre...

Malheureusement, l'état d'esprit avec lequel M. Varenne arrivait en Indo-Chine, et dont nous ne critiquons point la sincérité, ne dura pas longtemps.

Sensible à la flatterie, comme tous ceux qui attendent de l'opinion des autres la conviction qu'ils voudraient avoir en leur génie, M. Varenne ne mit pas longtemps à écarter les avis d'un homme sincère et bien placé : M. Monguillot. Ces conseils éclairés lui donnaient trop l'impression de venir d'un ancien dans la carrière, forme à laquelle M. Varenne, homme des majorités, préférait l'avis de tous les autres, obséquieux flatteurs, qui ne songeaient ni au bien de la Colonie, ni aux intérêts de la France, mais qui désiraient faire refleurir ces systèmes appliqués jusque-là, qui n'étaient point sans profits pour eux.

A l'heure actuelle, en Indo-Chine, tout le monde peut se compromettre sans danger. Il suffit de savoir avec qui. Il y a certaines compromissions qui vous couvrent d'honneur, bien que les mêmes faits, dans des circonstances identiques, pour de plus humbles, provoqueraient les qualifications du Code pénal.

On suggéra à M. Varenne que M. Monguillot lui faisait une obstruction systématique, parce qu'il était déçu de ne pas avoir eu la place de gouverneur général, mais que la politique de ses autres collaborateurs était la bonne dans un pays

où les opinions politiques ne devaient plus exis-
ter. On lui démontra que cette politique réactionnaire avait été poursuivie avec succès jusqu'à ce
jour : et on lui étala, pour preuves, la prosperité
financière du pays, qui, nous l'avons vu, avait
une toute autre cause.

M. Varenne fut convaincu par ces raisonne-
ments · simplistes, d'autres vont plus loin et
disent — nous l'avons lu dans les journaux —
qu'il fut initié tout doucement aux avantages
privés que procure la pratique du pouvoir.

Il est un fait certain, c'est qu'à partir de ce
moment, on le vit faire la politique qu'on l'avait
envoyé réprimer; les partis républicains refu-
sèrent de le soutenir; et, au contraire, l'organe
réactionnaire qu'est l'*Avenir du Tonkin* défendit
fidèlement sa cause.

Il n'avait pas fallu plus de deux ou trois mois
pour opérer cette transformation.

. . . .

CHAPITRE III

Ici devrait se placer un chapitre sur l'œuvre
parallèle de Mme Varenne, provoquée par la
note suivante publiée par les journaux :

« Mme Alexandre Varenne, désireuse de ma-
« nifester sa bonté à la population indigène, fait
« connaître que toute personne victime d'une
« injustice administrative peut la lui dénoncer
« en lui écrivant au Gouvernement Général, sous
« pli recommandé, soit en français, soit en quôc

« ngu. *Les personnes qui useront de cette lati-*
« *tude devront signer lisiblement leur plainte et*
« *indiquer avec précision leur adresse. Les faits*
« *articulés doivent être précis et susceptibles*
« *d'être contrôlés.* »

... Nous ne l'écrirons point, nous nous réservons de le faire si, plus tard, une polémique en réponse abordait ce sujet.

Le résumé serait celui-ci :

Jusqu'ici, nous croyons que Mme Varenne a été de très bonne foi en recevant les indigènes, et sincère dans son désir de leur faire dispenser plus de justice.

Nous pensons que son rôle n'a pas été heureux, car elle s'est faite le représentant d'influences malencontreuses, et le canal de « racontars » et « tuyaux » qu'on n'aurait pas osé décemment apporter directement à son mari.

Nous croyons qu'elle a reçu de nombreux cadeaux, sans penser à mal et en toute loyauté, cadeaux dont elle a dû même se réjouir ouvertement : elle n'a pas compris que le plaisir et la gratitude qu'elle pouvait en éprouver, se traduit, malgré soi, chez les puissants, par l'octroi de gracieusetés en retour et — enfin, qu'un bon mari ne sait pas se garder de partager les sympathies de sa femme.

Ne connaissant pas le pays, elle n'a pas compris non plus, — car personne autour d'elle n'avait intérêt à l'en avertir, — que ses gestes imprudents seraient taxés de compromissions et qu'on la faisait mordre dans la fatale pomme pour entraîner son mari.

Les malins s'ouvraient ainsi les voies d'accès

du cabinet de M. Varenne et contractaient une garantie contre les sursauts de dignité que le Gouverneur Général était capable d'avoir en face des premières propositions trop alléchantes.

M. et Mme Varenne n'étaient donc, dès lors, plus libres de s'indigner à leur gré, ils étaient déjà involontairement sous l'emprise du scandale et il n'est pas douteux que ce danger ne venait pas de ceux qui avaient le plus de dignité.

CHAPITRE IV

REVENONS A LA POLITIQUE DE M. VARENNE

Fin février, on se rendait compte dans tous les milieux français et indigènes qu'il fallait faire une fois de plus son deuil des espérances que l'on avait caressées. Les républicains eurent encore quelques sursauts, mais beaucoup moins pour obtenir un revirement, que pour s'assurer que la trahison de ses doctrines par le socialiste Varenne était bien un fait accompli et indubitable.

Pour les Annamites, la déception fut plus profonde, car le socialiste Varenne, c'était l'extrême-gauche, c'était le groupe de ceux qui faisaient campagne pour que les peuples soient appelés à disposer d'eux-mêmes,... et ils jugeaient sur échantillon.

Aussi le mécontentement se traduisit-il le plus souvent par des grèves et aussi, mais plus rarement, par l'émission de tracts révolutionnaires.

Les réactionnaires, qui, par leur nuance politique « de France » étaient des adversaires de M. Varenne, et qui, en Indochine, se trouvaient ironiquement ses soutiens, riaient sous cape et se réjouissaient de la bonne affaire à exploiter quand le moment serait venu contre le parti socialiste!

Tout en continuant à demander et à obtenir au détriment des indigènes, par l'intermédiaire des Résidents Supérieurs, leurs amis, des avantages, des marchés, des subventions, des terrains; une partie déclanchait contre l'ex-socialiste Varenne une campagne tendant à prouver que l'arrogance populaire avait dépassé toutes les bornes et à démontrer qu'un socialiste est un homme impropre à gouverner une colonie, en raison de ses principes incompatibles avec l'idée d'autorité; en un mot, qu'il ne pouvait être qu'une source de désordres.

Conclusion: On ne pouvait choisir un Gouverneur Général que dans les partisans de la manière forte.

Songez donc! M. Varenne coulé sur son programme socialiste : c'était un succès assuré pour eux désormais dans les directives de la politique future.

L'autre partie, représentant les Missions Catholiques, se cramponnait à la situation reconquise, soutenant, au contraire, d'une façon non équivoque, la main qui la comblait de tout.

CHAPITRE V

INCIDENTS LA CHEVROTIÈRE ET BUI-QUANG-CHIEU

A la suite du mécontentement indigène très réel, augmenté encore de provocations, une Ligue de la défense de l'Ordre se forma, ayant pour but avoué de se substituer aux pouvoirs publics. Ce groupement déclarait ouvertement que la politique de M. Varenne, étant une politique socialiste, amenait le désordre :

« Nous attendons la décision du Gouverneur
« général, M. Varenne, avant d'intervenir, car
« nous estimons que nous devons faire crédit de
« quelques jours au Chef de la Colonie.

« Quand le délai sera échu, si aucune mesure
« n'est prise, nous aviserons et ferons appel aux
« Français de ce pays, ainsi qu'à l'élément sain
« de la population indigène, afin d'agir par nous-
« mêmes.

« L'Impartial. »

Ici, permettez-moi d'ouvrir une parenthèse et de remarquer que lorsque la révolution vient de la gauche elle s'appelle la Révolution avec un grand R, et lorsqu'elle vient de la droite, elle s'intitule le Parti de l'Ordre !

L'une et l'autre cependant tendent, de la même façon au désordre; elles sont également blâmables.

Mais, si l'on voulait y chercher une différence, j'ajouterais que celle de droite poursuit le retour à un régime précédent, c'est-à-dire à un régime de privilèges et d'inégalités, et tend à l'établissement d'injustices sociales plus grandes, et, plus radicalement, à la consécration de l'oppression du faible par le fort, tandis que l'autre y cherche simplement un remède, — bien aléatoire d'ailleurs, — à sa misère, en essayant de supprimer, par la violence, les inégalités sociales qui subsistent malgré tout, et de se substituer aux pouvoirs publics qui sont dans l'impossibilité de les faire disparaître.

Sévèrement blâmables toutes les deux, on pourrait reconnaître à la seconde quelques circonstances atténuantes que n'a pas la première.

. . . .

Cette Ligue pour la Défense de l'Ordre se constitua donc en mars 1926.

C'était une provocation.

. . . .

L'Opinion du 13 mars le souligne :

« *En admettant — ce qui reste à discuter —*
« *que l'ordre soit menacé : comment un jour-*
« *nal, comment l'initiative privée, peut-elle son-*
« *ger à se substituer à l'autorité légale.*

« *Admettons un instant que la paix civile soit*
« *menacée. Il y a ici, d'une part, l'autorité mi-*
« *litaire, d'autre part, les citoyens mobilisables.*
« *Il y a encore un gouvernement qui dispose*
« *d'une police nombreuse et forte.*

« *On ne peut vraiment comprendre l'inter-*
« *vention d'une Ligue qu'au moment où le gou-*
« *vernement, puis l'autorité, auront démontré*
« *leur carence. Rien ne nous permet de supposer*
« *que nous en soyons là.*

« *Toutefois, si cette Ligue de défense de*

« *l'Ordre n'avait eu que l'inconvénient d'être*
« *inutile ou de représenter pour l'autorité régu-*
« *lière une manière de défi, passe encore.*

« *Mais elle avait un inconvénient autrement*
« *grave que son inutilité. Elle avait un air de*
« *provocation indéniable à l'égard des Annamites.*
« *Et c'était là un redoutable danger, car rien*
« *n'appelle l'émeute comme la répression pré-*
« *ventive.*

« *En face de cette Ligue au titre agressif, il*
« *était inévitable, et tous l'auraient compris, que*
« *les Annamites suspectés ainsi brutalement ré-*
« *pondissent par une Ligue pour la défense de*
« *leurs intérêts. On comprendrait mieux la se-*
« *conde Ligue de Défense — que la première —*
« *d'Attaque.*

« *La Ligue de la Défense de l'Ordre chargeait*
« *les fusils, semait la poudre, bourrait les canons*
« *jusqu'à la gueule.*

« *Une vieille expérience a démontré depuis*
« *longtemps que les fusils trop chargés partaient*
« *presque toujours tout seuls.* »

. . . .

Et termine :

« *Ce ne sont ni les menaces, ni les provoca-*
« *tions, qui serviront la paix publique, mais la*
« *collaboration fraternelle et l'amitié.* »

« L'Opinion. »

Les Annamites s'inquiétèrent; l'un d'eux écrivit à *l'Opinion* une lettre du 17 mars 1926, publiée le 19, où il dit :

. . . .

« *Cette Ligue ne sera qu'une provocation et*

« *les Annamites provoqués ne resteront certaine-*
« *ment pas les bras croisés. Qu'adviendra-t-il?*
« *C'est donc du désordre qu'entreprend la feuil-*
« *le visée!* »

Les Annamites, cela devait arriver, se réunirent quelques jours après rue Lanzarotte, le 21 mars 1926; leurs tracts faisant allusion au gouvernement de M. Varenne, qui les avait déçus, disaient:

« *Nous sommes en esclavage depuis soixante-*
« *dix ans, pendant tout ce temps un gouverne-*
« *ment tyrannique nous a opprimés. Aujourd'hui*
« *il déclare nous aimer et prétend nous apporter*
« *la civilisation et nous aider à évoluer. Il prêche*
« *l'entente entre conquérants et conquis.* »

. . . .

« *Pour que des sympathies réciproques soient*
« *possibles, il faudrait que le gouvernement res-*
« *pecte notre liberté et qu'il n'incarcère pas qui-*
« *conque selon son bon plaisir. Qu'il nous ac-*
« *corde la liberté de la presse. Malgré les lois et*
« *la justice, il sacrifie à l'arbitraire. Nous som-*
« *mes certains de ne pouvoir gagner à notre*
« *cause les gouvernants.* »

Ces paroles n'allaient pas sans invectives et sans appel à l'action directe.

De l'autre côté, on réclamait la répression immédiate des fauteurs, et on ne lisait dans leurs tracts qu'une seule chose : les menaces et l'appel à la révolte.

C'est toujours regrettable d'être juge et partie, car il eût été nécessaire, tout en lisant les invectives dont les Français étaient l'objet, de retenir aussi les griefs qui leur était faits, et, qui devaient constituer pour nous une indication utile dont il n'y avait pas à faire fi.

Mais la nature humaine est ainsi aveuglée.

. . . .

Les esprits, de part et d'autre, s'échauffaient. Fort des pamphlets annamites, M. de Lachevrotière montait l'opinion publique française et exaltait la nécessité de sa Ligue.

Le journal l'*Opinion*, tout en protestant contre le désordre, résultat de l'action directe, publiait néanmoins des lettres ouvertes au Procureur Général :

« *Qu'attendez-vous?* le 23 mars 1926.

« *Où allons-nous?* le 24 mars 1926.

qui n'étaient pas sans contenir une certaine mise en demeure.

La situation devenait tendue, tension que l'on exagérait encore à plaisir, et le Gouverneur Général sentait le mécontentement indigène et la lourde responsabilité qu'il encourait..., mais il hésitait à donner des ordres.

C'est alors que, mis en demeure lui-même, il envoya au Procureur général les deux télégrammes dont parle *La Liberté* d'où il ressortait:
« *qu'il comptait sur la haute autorité du Procu-*
« *reur général, sa haute fermeté, sa haute expé-*
« *rience des hommes pour mener à bonne fin*
« *l'œuvre de justice qui, dans les circonstances*
« *critiques actuelles, s'imposait ; mais sans lui*
« *donner aucune précision sur la conduite à*
« *tenir.* »

Télégramme où il se défile, à moins qu'il ne s'en rapporte réellement à lui : il était loin, en pratique, de ces fières paroles :

« *Je ne veux ici d'autre responsabilité que la*
« *mienne.* »

CAS DE MONSIEUR CALONNA

M. Colonna prit des mesures, il apprécia le
danger avec sa conscience et les lumières qu'on
lui fournissait: Vit-il exactement les faits? Les
exagéra-t-il? C'est une affaire d'appréciation : les
événements n'ayant pas éclaté, nul ne le saura
jamais.

Aujourd'hui, on pose la question de savoir s'il
doit rester ou être déplacé d'Indochine? Il me
semble que c'est lié à la question de savoir s'il a
fait, ou non, son devoir.

Pour qui connaît M. Colonna, sait que celui-ci
a, au moins, fait ce qu'il a cru être son devoir,
le reste étant une question à trancher par ses
pairs (1).

Mais ici, je me permets une digression sur la
nécessité de donner à nos magistrats coloniaux
plus d'autorité et plus d'indépendance en les rat-
tachant au Ministère de la Justice; et les colonies
trouveront, dans cette mesure, plus de garanties
pour cette justice que réclament tous les peuples
régis par nous.

Si M. Colonna, qui ne voyait pas de la même
façon que M. Varenne, avait pu rendre compte

---

(1) En prévision de cette éventualité, M. Varenne a cru
nécessaire d'aller faire devant ces hauts magistrats en
compagnie de M. Octave Hamberg, une conférence pré-
ventive sur sa politique en Indo-Chine.

Ce geste d'ailleurs, n'a pas été sans soulever la réprobation de l'opinion publique, car il constitue la révélation, non équivoque, d'un secret espoir d'influencer, dans
son impartialité, la future décision de la Cour Suprême.

de ses inquiétudes à son chef direct, le Garde
des Sceaux, M. Varenne aurait fait son rapport
de son côté au Ministre des Colonies, et le conflit
aurait été tranché sans avoir à aborder les ap-
préciations personnelles.

Ici, au contraire, M. Colonna, pour remplir un
devoir de sa charge, dépend du pouvoir exécutif
de la colonie, comment trouvez-vous qu'est assu-
rée, en toute conscience, sa liberté d'action?

Il a pris ses responsabilités, peut-être un peu
en dépit de la mauvaise volonté du Gouverneur
Général; et il a senti que le pouvoir exécutif ne
le lui pardonnerait pas, le cas échéant : il a, alors,
cherché des défenseurs au Parlement. On demande pour cela contre lui, des sanctions!

Il y a lieu, pour ceux qui sont appelés à les
prononcer à ne pas oublier qu'on a pris en 1911
des sanctions contre le Procureur Général Fabre
pour s'être incliné devant le pouvoir exécutif et
on l'a envoyé mourir de chagrin à Aix.

Va-t-on prendre, maintenant, contre un Procureur Général, d'autres sanctions pour ne pas
s'être incliné devant le Pouvoir exécutif?

Il faudrait être logique : il ne faut pas dans
les colonies, faire de nos Procureurs Généraux
des valets ou des martyrs. Personne n'a rien à
y gagner, et surtout les indigènes.

Disons, en résumé, que, *d'une façon générale
et toujours,* nous nous plaignons que les Procureurs Généraux ne soient pas assez énergiques,
— il ne s'agit pas ici d'être énergiques contre les
indigènes, mais plutôt dans la protection de leurs
droits, s'il y a lieu, — pas assez indépendants du
Pouvoir exécutif, et, nous déplorerons tous, si

jamais une sanction devait intervenir, car, méritée ou imméritée, elle créerait un précédent de plus, un danger pour l'impartialité de la justice déjà si éprouvée, et une menace toujours suspendue au-dessus d'elle.

. . . .

Mais reprenons notre sujet.

L'émeute a-t-elle grondé en Cochinchine du 24 au 31 mars 1926 comme le dit M. Aymard dans son article du « 26 novembre 1926 » ?

« Gronder sans éclater? — C'est possible! »

Ce ne peut être qu'une affaire d'appréciation; car si, à chaque fois qu'en France, il y a eu des provocations à l'action directe, nous avions eu une émeute, nous en aurions tous les ans.

... Et nous devons remarquer qu'aucun acte de violence n'a été commis du côté annamite.

Mais si l'Indochine a été « en puissance d'émeute » pendant un certain temps : c'est à à-dire depuis la provocation venue de M. de Lachevrotière par la création de la fameuse « Ligue de Défense de l'Ordre » qui, dans le fond, à ce qu'il semble, n'était, pour lui, qu'un Comité électoral : c'est de la faute de ce dernier.

Voilà la vérité.

Mais nous voulons la dire toute entière! Et nous devons reconnaître que M. de Lachevrotière, qui parle annamite, avait, mieux qu'aucun autre, connaissance du mécontentement indigène et des critiques nombreuses que ceux-ci formulaient à l'adresse de M. Alexandre Varenne qui en était la cause première.

CHAPITRE VI

ARRIVÉE DE M. BUI-QUANG-CHIEU

Au milieu de cette tension des deux partis, fut annoncée l'arrivée de M. Bui-Quang-Chieu, leader annamite, fonctionnaire français (parce que naturalisé), qui revenait de France après avoir défendu auprès des Pouvoirs publics la cause des indigènes et les revendications de ses compatriotes.

Le parti annamite, « parti des opprimés », se précipita vers lui comme vers un Sauveur, et projeta de l'acclamer à son débarquement du courrier de France.

M. de Lachevrotière avisé, invita, par la voix des colonnes de son journal, les Français à contre-manifester et à s'opposer, même par la force, à cette manifestation de sympathie.

M. Bui-Quang-Chieu, dans ses conférences en France, a-t-il dépassé la mesure ou ne l'a-t-il pas fait?

« Je n'y étais point, je n'ai pas lu ses discours, en conséquence : je l'ignore. »

Nous ne pouvons conclure qu'une chose : c'est que M. Bui-Quang-Chieu était fonctionnaire français, donc sujet à sanction. Le gouvernement n'a pris aucune sanction contre lui, il estime donc que celui-ci n'a pas outrepassé les limites à lui permises, il y a donc lieu de lui faire confiance : toute notre appréciation s'arrêtera là.

La situation menaçait néanmoins de devenir grave.

M. Rouelle, maire de Saïgon, dont on ne saurait trop louer le tact et l'impartialité, prit un arrêté :

> « *Le Maire de la ville de Saïgon,*
>
> « *Chevalier de la Légion d'Honneur,*
>
> « *Vu le décret du 11 juillet 1908 portant réor-*
> « *ganisation des Municipalités de l'Indo-Chine,*
>
> « *Arrête :*
>
> « ARTICLE PREMIER. — *Toute manifestation*
> « *sur la voie publique est formellement inter-*
> « *dite.*
>
> « ART. 2. — *Le commissaire central est chargé*
> « *de l'exécution du présent arrêté.*
>
> « *Saïgon, le 23 mars 1926.*
>
> « *Le Maire :* ROUELLE. »

... Et convoqua les deux partis pour les engager au calme et à la bonne tenue. Il obtint de chacun d'eux la promesse solennelle que tout se passerait sans incident.

M. Bui-Quang-Chieu débarqua donc, salué par les acclamations annamites, pendant que les contre-manifestants le recevaient à coups de sifflets à roulettes et que M. de Lachevrotière lui-même, personnage officiel, président du Conseil colonial, se livrait sur lui à des voies de faits.

La « *Cloche Fêlée* » relate et commente l'incident ainsi :

> « . *De son aveu même, M. de Lachevrotière et*
> « *sa meute ont exercé des violences sur des per-*
> « *sonnes inoffensives et se sont livrés à des faits*
> « *et gestes de bandits au nez et à la barbe du*

« *Maire et des Commissaires de police ceints de*
« *leurs écharpes.*

« *C'était à supposer, chez le Président de la*
« *Première Assemblée élue de la Colonie, le réveil*
« *des instincts mauvais de l'ancien indicateur*
« *officieux et rétribué de la Sûreté de l'ex-recru-*
« *teur de coolies pour plantations.* »

Du côté annamite, on fut calme, ce qui permit
à M. Rouelle, maire de Saïgon, de mander M. de
Lachevrotière en son cabinet et de lui dire qu'il
avait regretté que ce soit du côté français qu'on
ait manqué à sa parole.

Une plainte, soutenue par M⁰ Gallet, avec
constitution de partie civile de la part de M. Bui-
Quang-Chieu, fut préparée, plainte à laquelle
dans un but d'apaisement, il ne fut pas donné de
suite.

Les faits furent néanmoins d'une bénignité
remarquable. Le 25 mars, un banquet était offert
par ses compatriotes à M. Bui-Quand-Chieu, auquel les Français étaient conviés.

M. Bui-Quang-Chieu y fit une allocution remarquable, à laquelle nous avons fait allusion et que
nous reproduisons en partie ici :

« *Dans tous les milieux où j'ai pénétré, j'ai*
« *surpris, toujours et partout, ce besoin impé-*
« *rieux du plus de justice et d'humanité. Et si*
« *jusqu'à ce jour des abus ont été commis en son*
« *nom, la France les a ignorés, et ma tâche, mes*
« *chers compatriotes et amis, a tendu à faire*
« *éclater la Vérité, tant pis si cela a blessé quel-*
« *ques-uns. La France est assez forte pour con-*
« *naître la Vérité.* »

Et il continue plus loin :

« En vous envoyant un nouveau représentant,
« dont les idées libérales du parti auquel il
« appartient sont une indication significative, la
« Métropole n'a-t-elle pas voulu faire le premier
« pas en signifiant à ce pays qu'elle entend qu'on
« respecte ses généreuses directions de politique
« franco-annamite? »

M. Bui-Quang-Chieu soulignait que l'envoi en Indochine d'un nouveau représentant de la France à opinions socialistes, était une indication significative.

C'était un démenti à la parole de M. Varenne : « Les opinions politiques de France n'ont rien à faire en Indo-Chine... »

M. Bui-Quang-Chieu ne disait pas que, en raison de la présence du nouveau Gouverneur Général, les espérances des Annamites avaient reçu un commencement de satisfaction par une polique nouvelle; « *jusqu'à ce jour* », disait-il, (et M. Varenne était là depuis plus de quatre mois) « *des abus ont été commis au nom de la France* ».

Il conseillait seulement à ses compatriotes de laisser au nouveau Gouverneur le temps de justifier cette espérance par des actes, car, ajoutait-il, « *les gestes seuls comptent maintenant* ».

Ce langage était précis : il était clair dans le passé, il était clair dans l'avenir, c'était une invitation à commencer une politique nouvelle.

Il n'excluait d'ailleurs nullement cette menace déguisée qui découvrait le peu d'espoir qu'il avait en la portée de ses paroles et dans le revirement nécessaire de la politique du Gouverneur Général.

« Si par malheur l'avenir prochain nous réser-

« *vait de nouvelles déceptions, nous aurions le*
« *droit d'attendre des évènements, seuls, les sa-*
« *tisfactions que les hommes n'auront pas su*
« *nous accorder.* »

Ces paroles furent unanimement applaudies,
même par M. de Lachevrotière. Elles reprodui-
saient cependant, de la façon la plus serrée, les
idées émises par les signataires poursuivis des
tracts, publiés quelques jours auparavant.

. . . .

A ces paroles, Mᵉ Gallet, en une brillante im-
provisation reproduite dans « *l'Opinion* » du
26 mars 1926, répondit en ces termes chaleureux,
dont je ne veux retenir que ces mots :

. . . .

« *Il fallait que l'on différencie enfin les quel-*
« *ques Français dont les méthodes de coloni-*
« *sation consistent à se grouper, l'injure à la*
« *bouche et les poings menaçants, pour y accueil-*
« *lir le défenseur d'une masse confiante, de tous*
« *ceux qui, soucieux des devoirs respectifs qui*
« *nous incombent, viennent, avec des paroles de*
« *paix, fraterniser dans une œuvre féconde de*
« *collaboration.* »

. . . .

« *Ne vous laissez pas égarer par les incon-*
« *scients ou les provocateurs qui, en figurant*
« *l'image de la France, vous pousseraient aveu-*
« *glément à ces gestes dont vous parliez tout à*
« *l'heure pour les souhaiter impossibles, et qui*
« *ne seraient que les derniers soubresauts de*
« *tous les espoirs déçus.*
« *Faites confiance à la France, attendez, dans*

« l'ordre de la majorité des Français de ce *pays*,
« les apaisements nécessaires, les satisfactions
« généreuses que vous n'aurez pas à leur arra-
cher, vous verrez la France poursuivre ici cet
« idéal qui a fait son prestige parmi les peuples
« et qui cimentera, loin des haines fratricides,
« notre union dans l'amour. »

En la personne de leurs représentants..., le
euple français et le peuple d'Annam se donnè-
ent l'accolade.

Le lendemain, M. de Lachevrotière écrivait un
rticle :

Entente et Concorde! J'en suis.

La tension franco-annamite provoquée avait
disparu : nous étions le 26 mars 1926.

CHAPITRE VII

Malheureusement, le mécontentement provoqué par la politique, si peu indigénophile, de
Varenne et de ses collaborateurs, se poursui-
ait, et les Annamites laissaient percer leur mé-
ontentement à tous propos.

M. Duong-van-Giao, dans son article du 10 jan-
er 1927, le justifie rétrospectivement :

« *Les événements nous donnent raison.*

« *Nous avons, en effet, depuis un an, un Gou-*
« *verneur socialiste qui ne pratique pas une poli-*
tique socialiste, à qui nous ne demandons même
« *pas d'être fidèle à ses doctrines; cependant, il*
a dû comprendre que chaque fois que, lui ou
ses collaborateurs, s'écartent du programme

« *développé dans le cahier des vœux annamites,*
« *le peuple se, cabre et manifeste violemment sa*
« *colère.* »

(« *La Libre Parole Républicaine.* »)

Les principaux symptômes de cette colère étaient les grèves.

1er janvier 1926. — Grève du Bureau central de Saïgon.

27 février. — Grève à Haï-Dong contre les peines corporelles.

Mars, avril, mai 1926. — Grève des écoliers à Tourane (refus des génuflexions devant les inspecteurs).

A Saïgon. — Grève d'écoliers et d'écolières. — Grève de jeunes filles annamites à Chasse-Loup-Laubat, au collège de Nam-Dinh, au collège de Hanoï.

26 avril. — Grève des écoliers de Mytho.

3 mai. — Grève à la Banque de l'Indochine.

5 mai. — Grève à l'arsenal et à l'école des mécaniciens.

Que fait M. Varenne, « *l'homme qui ne veut ici d'autre responsabilité que la sienne* »? Il se montre intraitable et écrit dans ce sens à M. Thalamas, directeur de l'Instruction publique, pour lui ordonner de prendre des sanctions, mais il oublie en même temps que la pensée de l'enfant est le reflet de l'opinion du foyer et, qu'en général, l'enfant ne résistera pas ouvertement à la discipline, s'il ne sait pas qu'il sera approuvé par sa famille.

Or, on retrouve cet esprit frondeur, cette résistance sur tout le territoire de l'Indochine : depuis la Cochinchine jusqu'au Tonkin, et jusque parmi les écolières et les jeunes filles annamites.

M. Varenne ne s'inquiète pas, il ne voit pas que c'est sa politique qui répand le mécontement; il se contente de prendre, — pour montrer en France qu'il a fait quelque chose, — quelques arrêtés plus libéraux, affirme-t-il; mais, ce qui existe, ce qui fonctionne mal, il le laisse fonctionner comme par le passé.

Or, qu'a demandé M. Bui-Quang-Chieu?

— Des libertés plus grandes? — Non. Plus de justice et d'humanité? — On n'a pas besoin de prendre de nouveaux arrêtés pour cela, les nouveaux arrêtés sont de la poudre aux yeux pour les Français de France, en réalité, ils ne servent à rien pour la plupart; encore heureux sommes-nous, lorsqu'ils ne sont pas mauvais... mais nous les étudierons plus loin.

Le temps passe, et M. Varenne accentue sa politique de rapprochement vers la réaction : il travaille pour les Missions Catholiques et continue à recevoir les éloges de leur journal : « l'Avenir du Tonkin », pendant que les groupes républicains montrent à nouveau leur déception.

. . . .

Mais M. le Procureur général Colonna a fait arrêter les signataires des tracts, et ces derniers ont été condamnés par le tribunal de Saïgon.

M. Varenne, « usant de magnanimité », — dit M. Colonna, — pour notre part, nous dirions : « pour prouver en France que tout va bien en Extrême-Orient » — fit donner, le 1er juin 1926, l'ordre au Parquet Général de demander le sursis.

Par contre, le même jour, il cherchait à balancer l'irritation que cette attitude allait provoquer à la Ligue de la Défense de l'Ordre, en rappelant à ce groupe réactionnaire les concessions qu'il lui avait déjà consenties.

« *Eh bien, voyons, prenons les griefs, si griefs*
« *il y a, corps à corps. Que me reproche-t-on*
« *exactement? Il est assez malaisé de le savoir.*
« *J'ai entendu formuler, par exemple, celui-ci :*
« *Le Gouverneur Général est un homme de*
« *parti* ». *Certains sont allés plus loin et ont dit :*
« *C'est un sectaire* ». *Je me cvonnais bien, Mes-*
« *sieurs, je ne crois pas que ce soit là mon*
« *défaut. Sectaire, en quoi, où et comment?*

« *Avant de venir en Indochine, j'ai eu à choi-*
« *sir des collaborateurs, j'ai été si peu homme*
« *de parti-pris, et même si peu un homme de*
« *parti, que j'ai demandé au Directeur du Cabi-*
« *net de l'honorable M. Merlin, mon prédécés-*
« *seur, de bien vouloir me continuer sa collabo-*
« *ration.*

« *Quant au choix de mes autres collabora-*
« *teurs, il y a une chose dont je suis sûr, c'est*
« *que je ne connais même pas quelles sont leurs*
« *opinions politiques, je ne le leur ai jamais*
« *demandé. On m'étonnerait fort si on me disait,*
« *par exemple, qu'il y a eu, dans tout mon cabi-*
« *net, un seul de mes collaborateurs qui fût ins-*
« *.crit au parti auquel j'appartenais avant de*
« *venir ici. En tous cas, je n'en sais rien.* »

« *Je ne leur ai jamais demandé à quelles opi-*
« *nions politiques de France ils se rattachaient,*
« *car les opinions politiques de France — je*
« *n'éprouve aucune espèce d'embarras à le décla-*

« rer, — n'ont rien à faire en **Indochine**, au
« moins pour maintenant.

« *Et quoi encore? Ce n'est un mystère pour*
« *personne, que, quand je suis arrivé ici,* **de** tous
« côtés sont montées vers moi des voix sup-
« pliantes ou impérieuses qui me demandaient
« de me séparer de tel ou de tel haut fonction-
« naire de la Colonie. J'ai répondu « non » à
« tous, *et j'ai voulu donner cet exemple d'élé-*
« *gance d'un Gouverneur général qui ne juge pas*
« *les gens sur la réputation qu'on leur fait, mais*
« *sur leurs actes.* »

Et il termine par un coup de patte supposé à
des groupes républicains qu'il ne nomme pas.

« *Sectaire de parti, ce n'est* **pas** *en décorant*
« *une religieuse que j'ai fait* acte *de sectaire.*
« *J'ai bien peur d'ailleurs que cet acte-là ne me*
« *soit quelque jour reproché PAR DES GENS*
« *QUI, PRECISEMENT, NE SONT PAS DES*
« *LIBERAUX DE NATURE.* »

M. Varenne oubliait qu'à côté de ceux contre
qui il se vantait de n'avoir pas voulu prendre
des sanctions en raison de leurs actes passés, il
y avait toute la masse du peuple, et même des
Français, qui en avaient souffert :

« — Les Français mis par vengeance au car-
« net B sur l'indication des Résidents Supé-
« rieurs! — **PAS DE SANCTION.** »

« — Les incarcérés arbitrairement ou roués
« de coups sans raison! — **PAS DE SANC-**
« **TION.** »

« — La dilapidation des impôts au profit des
« favoris et au détriment de la masse, par des

« subventions ou des marchés scandaleux! —
« **PAS DE SANCTION.** »

« — Spoliation au détriment de l'indigène des
« terres défrichées et cultivées par lui! — PAS
« **DE SANCTION.** »

« Enfin, les Résidents convaincus d'avoir violé,
« tué, volé, concussionné! — **PAS DE SANC-**
« **TION.** »

La justice elle-même, non assez garantie, se
sentait faible pour résister; et parfois, de guerre
lasse, capitulait par des cotes mal taillées.

L'indigène souffrait de plus en plus et s'exprimait ainsi dans l'*Echo Annamite*, en cher-
chant à ramasser les miettes de ce qu'il pouvait
encore y avoir de bon dans l'âme des Français
d'Indochine :

« Oui, M° Gallet, tant que la justice et le bar-
« reau resteront indépendants, il y aura toujours
« un espoir dans le cœur des petits contre les
« abus du pouvoir, et tant que, par votre attitude,
« vous entretiendrez cet espoir dans le cœur,
« vous empêcherez qu'ils songent à se faire jus-
« tice eux-mêmes. »

(*Echo Annamite* du 23 mars 1926.)

Et cependant, les partisans du « colonialisme
à la trique » n'étaient pas contents. Le 4 juin,
une campagne commença contre les époux Varenne dans la *Liberté*.

Je ne parlerai pas de cette campagne, tout le
monde la connaît et peut encore la lire : elle s'arrêta d'ailleurs brusquement.

On sut alors que des accords étaient négociés
par des personnalités parisiennes d'une part, des

personnalités indochinoises de l'autre, (dont les noms n'ont rien à faire ici), *emportant* rapprochement de M. Varenne et de ses adversaires, et un bruit persistant courut que M. Dandolo et M. de Lachevrotière seraient décorés de la Légion d'honneur par promotion exceptionnelle.

Le mois de juillet passa dans le calme politique et le mois d'août arriva avec le renouvellement du Bureau du Conseil colonial.

M. de Lachevrotière, jusque-là président, avait contre lui une certaine opposition; après les incidents de mars et les violences sur M. Bui-Quang-Chieu, sa réélection semblait devoir jeter un défi aux Annamites.

Des pourparlers furent alors engagés pour présenter un président qui fût d'une teinte neutre, — parce que n'ayant jamais été mêlé à aucune politique et dont la vie tout entière le présentait aux suffrages comme le type des annamitophyles parfaits, j'ai voulu désigner M. Gressier.

Ici j'ouvre une parenthèse pour faire le portrait de ce candidat franco-annamite.

M. Gressier, aujourd'hui grand vieillard à cheveux blancs et à barbe blanche, sec et vigoureux à rendre jaloux des hommes de trente ans, a une allure de patriarche.

Fils de ses œuvres, sorti de l'infanterie coloniale au temps où la vie du colon était plus dure que maintenant, il s'est adonné aux travaux des champs.

Il a défriché la brousse dans la province de Soctrang, dans une contrée encore fréquentée par les éléphants sauvages, et il s'est installé sur la terre vierge comme une véritable Annamite.

Il a pris une compagne annamite, avec laquelle il s'est marié et a eu des enfants. Par son travail, il a étendu son exploitation au seul détriment de la forêt, et il a pu mettre en valeur des centaines, puis des milliers d'hectares de rizières.

Il a répandu le bien autour de lui, il a adopté les enfants métis des voisins défunts, sa famille s'en est ainsi agrandie, et le respect de l'indigène vis-à-vis de lui s'en est renforcé.

Après plus de trente ans de cette vie patriarcale, il contrôle, autour de lui, peut-être 6 à 8.000 hectares, c'est-à-dire plus de la surface d'un canton. Pour diminuer le prix du transport de son paddy, il a installé sur place une décortiquerie. Sans la solliciter, car ce n'est pas un coureur d'antichambre, il a reçu, il y a quelques années, la croix de la Légion d'honneur.

Dans sa région, on ne connaît pas les procès qui divisent les travailleurs et les ruinent. Lorsque des litiges s'élèvent, on vient les soumettre à M. Gressier, qui, en homme droit et honnête, de bon sens, et en tenant compte des coutumes locales qu'il pratique depuis si longtemps, tranche le différend.„, et chacun s'incline devant son autorité morale.

Son honnêteté et sa loyauté sont aussi indiscutées des Français que des Annamites, et le cas s'est produit, il y a quelques années, que, sur la signature de M. Gressier, la banque a avancé plusieurs millions.

Cet homme ne s'était jamais mêlé aux politiques locales, mais son avis éclairé a toujours été recueilli avec attention par les administrateurs

des provinces et les gouverneurs qui se sont suc-
cédés.

Il y a moins d'un an, il a fallu compléter le
Conseil colonial, et on sollicita M. Gressier. Celui-
ci, après hésitation, accepta et se laissa présenter.

Nous devons ajouter que, devant cette candidature universellement respectée, aucun adver-
saire ne se présenta, tellement l'autorité du candidat était indiscutée.

Il fut donc élu au Conseil colonial, et l'élément
républicain de ce Conseil représenté par Mᵉ Gallet, en liaison avec les conseillers annamites, vou-
lurent le présenter à la Présidence du Conseil
contre M. de Lachevrotière.

M. Varenne fut consulté, il ne répondit pas
nettement, attendit, traîna et, en fin de compte,
trahissant la cause de l'union franco-annamite,
laissa pencher la balance pour M. de Lachevrotière, qui fut élu.

C'était en août et septembre derniers, peu de
temps avant le renouvellement de cette assemblée, et l'élection semble avoir été faite à la faveur
d'un rapprochement entre M. de Lachevrotière et
M. Varenne qui, nous l'avons vu, fut de courte
durée.

M. Gressier, se voyant mêlé malgré lui à des
tiraillements où la politique l'emportait sur les
intérêts véritables de la nation française, donna
sa démission, retourna sur ses rizières et ne se
représenta pas.

Voilà comment M. Varenne a soutenu la politique de collaboration franco-annamite.

Les uns affirment qu'il était gêné par des en-
gagements pris vis-à-vis de M. de Lachevrotière

au moment de l'arrêt de la première campagne
de *La Liberté*, d'autres affirment, tout simplement, qu'il tremblait que cette campagne ne fût
reprise.

En tout cas, républicains de France et Annamites se sentirent une fois de plus lâchés par
leur Gouverneur Général, le socialiste, et le mécontentement gagna encore du terrain.

La *Tribune Indochinoise*, organe annamite,
dans son éditorial du 30 août 1926, écrivait :

« *Et maintenant, chers compatriotes, il faut*
« *en faire notre deuil. Le plus clair de nos aspi-*
« *rations contenu dans le Cahier des Vœux, pré-*
« *senté le 25 novembre 1925 à M. le Gouverneur*
« *général, aura, nous en avons bien peur, l'hon-*
« *heur d'un classement sans suite. Confiant en le*
« *libéralisme de M. Alexandre Varenne, nous*
« *avions rêvé pour elles un meilleur sort. Ce sont*
« *là « espoirs inconsidérés », a dit M. le Gouver-*
« *neur de la Cochinchine.*

« *Deux mois auparavant, M. le Gouverneur*
« *général avait affirmé, en des termes explicites,*
« *que les Annamites avaient besoin d'égards plu-*
« *tôt que de réformes. Il a puisé cette conviction*
« *dans certaines boutiques de détaillants tonki-*
« *nois, transportés d'aise et pâle de bonheur*
« *devant la bonhomie souriante d'un proconsul*
« *qui leur parlait cordialement, et leur a donné*
« *à chacun, peut-être, un amical shake-hand,*
« *ressouvenir sans doute de la manière démocra-*
« *tique française.*

« *Depuis, la contagion coloniale avait opéré.*
« *M. le Gouverneur Général s'est dépouillé du*
« *représentant qu'il était d'une doctrine bien*

« *française pour rentrer complètement dans la*
« peau d'un parfait Gouverneur colonial. Il con-
« tinuait déjà la politique de ses prédécesseurs
« avant l'injonction que lui avait signifié, dans
« ce sens, la majorité de Lachevrotière au petit
« Parlement cochinchinois.

« *Nous ne voulons pas être injuste. De nos*
« *Gouverneurs généraux, M. Varenne est arrivé*
« *ici avec le plus d'intentions sincèrement géné-*
« *reuses. Le milieu colonial les a dissoutes. Après*
« *nous avoir donné l'impression d'un chef éner-*
« *gique et d'un réformateur hardi, il s'est mon-*
« *tré hésitant à tendre la main à l'immense*
« *majorité annamite, prête à le seconder de toute*
« *sa force contre les adversaires déclarés d'une*
« *politique libérale, puis finalement devant la*
« *réaction locale, hostile aux intérêts d'un peuple*
« *en plein éveil, il reprend allègrement* les tra-
« ditions du pur colonialisme impérialiste.

« *De l'échec de M. Varenne, nos compatriotes*
« *auront tiré d'eux-mêmes de fertiles enseigne-*
« *ments, ils auront médité sur la réconciliation*
« *de Lachevrotière-Varenne exquissée à l'occa-*
« *sion de la formation du Comité de souscrip-*
« *tion au profit des inondés du Tonkin et du*
« *départ de M. le Gouverneur général Varenne*
« *sur le « Gouverneur Général Roume », pour le*
« *Siam.*

« *Pour que notre évolution puisse donc arri-*
« *ver à son terme dans le minimum de temps*
« *possible, il ne nous* faut plus compter que sur
« nous-mêmes.

« *Evoluons et progressons sans Gouverneur*

« général. S'il s'en trouve un qui veuille nous y
« aider sans restrictions et sans craintes vaines,
« tant mieux! Mais cela ne s'est pas encore vu,
« de par la force des choses bien plus que de la
« volonté des hommes, hâtons-nous d'ajouter!

« TAN-DAN. »

Des vœux furent émis par des groupements républicains pour que M. Varenne « fut rendu définitivement à ses électeurs ».

On lui reprochait de faire ouvertement, et le jeu de la Mission, et le jeu de la Haute-Finance, basé sur la certitude où il croyait être que les républicains de gauche lui resteraient aveuglément acquis en raison de son passé et de son étiquette politique.

Cet aveuglement des républicains sincères n'était pas possible, d'autant plus que leur appréhension était justifiée par les articles dithyrambiques des journaux réactionnaires.

« M. Varenne est un homme heureux »
« M. Varenne est un homme heureux. Les in-
« vectives qui lui ont été prodiguées l'honorent,
« il n'en pouvait souhaiter de plus significati-
« ves. Au Gouverneur intelligent qui fut soucieux
« ici de CONTINUER une politique humaine et
« française, nous adressons, au moment de son
« départ, notre salut respectueux. Le socialiste
« Varenne, AUX ANTIPODES DE NOS IDEES,
« s'est montré en Indochine un bon Français
« et un bon serviteur du pays et de la cause colo-
« niale.
« Que la presse CONSERVATRICE française
« ne se laisse pas aveugler par des préjugés et
« des racontars trop intéressés et renonce à une

« *hostilité où se trahirait, si elle persistait, un*
« *manque trop absolu de CLAIRVOYANCE, sans*
« *parler peut-être d'un manque de bonne foi.* »

« M. DANDOLO.
« *(Avenir du Tonkin.)* »

Ces articles étaient, bien entendu, la résultante de marchandages, et l'on voyait de temps à autre paraître au *Journal Officiel* de la colonie des arrêtés comme celui-ci :

« *Résidence Supérieure en Annam,*
« *Le Résident Supérieur en Annam, officier*
« *de la Légion d'honneur,*
« *Vu.....*
« *Vu.....*
« *Arrête :*
« ARTICLE PREMIER. — *Il est fait concession*
« *gratuite à M. Dandolo, domicilié à Hanoï, d'un*
« *terrain domanial situé sur le territoire du vil-*
« *lage de Thanh-ky, canton de Ha-thuong, chau*
« *de Nhu-Xuan, province de Thanh-hoa.*
« ART. 2. — *Ce terrain, d'une contenance*
« *approximative de 500 hectares, est limité :*
« *Au nord. . . . .*
« *. . . . .*
« *Hué, le 9 janvier 1926.* »

(Journal Officiel de l'Indochine
Française, *du 27 janvier 1926,*
page 289.)

La presse CONSERVATRICE métropolitaine a pu s'y méprendre et manquer de CLAIR-VOYANCE, mais les républicains d'Indochine, eux, ne s'y sont point mépris, pas plus qu'aux arrêtés suivants :

« *Résidence Supérieure en Annam,*

« *Le Résident Supérieur p. i., en Annam, che-*
« *valier de la Légion d'honneur,*
« **Vu**.....
« **Vu**.....
« **Vu**.....

« *Arrête :*
« ARTICLE PREMIER. — *Il est fait concession*
« *provisoire à Mgr Alexandre Marcou, évêque à*
« *Phat-diem (Tonkin), d'un terrain domanial*
« *d'une contenance approximative de 484 hecta-*
« *res et situé sur le territoire de la commune de*
« *Chi-ha, canton de Quang-ah, phu de Tho-xuan,*
« *province de Than-hoa.*
« ART. 2. — *Ce terrain est limité au nord*....

. . . .

« *Hué, le 21 octobre 1926.* »

(Journal Officiel de l'Indochine
Française, *du 17 novembre
1926, page 3094.*)

« *Le Résident Supérieur p. i. en Annam, che-*
« *valier de la Légion d'honneur,*
« **Vu**.....
« **Vu**.....

« *Arrête :*
« ARTICLE PREMIER. — *Il est fait concession*
« *définitive à Mgr Alexandre Marcou, évêque-*
« *vicaire apostholique du Tonkin maritime à*
« *Phat-diem, d'un terrain domanial d'une super-*
« *ficie approximative de 201 hectares 82 ares,*
« *situé sur le territoire de l'ancienne commune*
« *de Dien-trach, canton de Muc-son, phu de Tho-*
« *xuan, prvince de Thanh-hoa.*

« *Ce terrain figure par des hachures rouges*
« *sur le plan*...................................
....

« *Hué, le 14 décembre 1926.* »

(Journal Officiel de l'Indochine
Française, *du 29 décembre
1926, pages* 3498 *et* 3499.)

C'était, a-t-on affirmé, — sans aucune certitude, mais avec vraisemblance, — la rétribution
d'une recommandation envoyée par l'évêque Marcou au clergé du Puy-de-Dôme en faveur de
M. Varenne, afin de l'aider à faire triompher sa
candidature aux élections sénatoriales du 9 janvier 1927.

Le mécontentement éprouvé par les républicains, étant donné la nuance que M. Varenne
portait encore, était formulé sans scandale et
sans campagne de presse, mais la fermeté de
ceux-ci montrait qu'il n'y avait dans cette attitude rien de passionné qui put rappeler une lutte
politique, et prouvait qu'ils n'avaient pour but
que le bien du pays.

Aux élections du 11 octobre, toute la liste de
M. Lachevrotière passa au premier tour **avec les**
2/3 des voix, rien que sur l'hostilité que son **chef**
avait affichée contre M. Varenne.

La liste adverse n'était certes pas non plus en
faveur du Gouverneur Général, mais elle avait été
plus sobre dans ses critiques vis-à-vis de lui, je
l'ai dit tout à l'heure, en raison de sa nuance
politique.

Par contre, toute la liste indigène soutenue
par les républicains de gauche passa au premier
tour.

Il semble, par les renseignements à nous fournis, que les conseillers annamites, en guise de protestation, aient tout d'abord refusé de siéger.

Ce geste fait, ils reprirent leur place dans le sein du Conseil colonial.

M. Varenne regagna donc la France, accompagné de l'espoir presque unanime qu'il ne revienne jamais.

. . . .

En ce qui concerne M. de Lachevrotière, il fut nommé à nouveau président du Conseil colonial.

Mais, immédiatement cette nouvelle se fût-elle répandue que des grèves indigènes éclatèrent sur ses propriétés et sur celles des européens qui avaient soutenu sa candidature. Il dut abandonner la présidence du Conseil colonial et la passer à M. Héraud.

Nous avons appris depuis, par la voie de la presse, que le budget avait été rejeté à l'unanimité.

Ce geste est la conséquence de la politique de M. Varenne. Les grèves sur les rizières sont le résultat de la politique de Lachevrotière : A chacun son dû.

DEUXIÈME PARTIE

« Ceux qui protestent que l'injus-
« tice est inévitable oublient qu'elle ne
« l'est que parce que trop de gens
« leur ressemblent. »

JEAN ROSTAND.

CHAPITRE PREMIER

CE QU'A FAIT M. VARENNE

Analysons l'œuvre accomplie par M. Varenne et celle qu'on attendait de lui.

L'œuvre accomplie par M. Varenne se résume en quelques arrêtés que nous allons étudier.

Nous devrons rechercher : 1° Si, en elle-même, la mesure prise a été bonne; 2° Si elle était destinée à être bien accueillie par la population indigène..., car nous ne devons pas oublier que nous vivons sous le grand principe des coutumes locales.

A. — *1° Accession des Annamites aux emplois français (justice et administration exceptés)*

a) Cet arrêté, en soi, est un véritable trompe-l'œil. La première raison en est qu'il ne consacre pas un droit mais crée une possibilité, c'est-à-dire qu'il étend les limites de l'arbitraire. La seconde raison est, qu'en réalité, ce qu'il semble créer existait déjà auparavant :

Les indigènes qui, en raison d'études plus approfondies, étaient titulaires de diplômes mettant leur savoir sur pied d'égalité avec les Français, obtenaient la naturalisation et rentraient dans les cadres au titre français. C'est ainsi que nous comptons, dans l'Administration, des magistrats d'origine annamite, des administrateurs, de nombreux commis-greffiers, etc., etc., la situation antérieure était donc, sur cette base, plus libérale encore que celle que M. Varenne a prétendu créer.

A l'heure actuelle, l'indigène qui voudrait accéder aux cadres français devra justifier de certains diplômes, il les faut acquérir : c'est là où on l'attend.

Les uns s'obtiennent sur place, et la « côte d'amour » jouera à l'examen de la façon la plus absolue.

Les autres s'obtiennent en France, et là, si, chez les examinateurs, l'impartialité règne et est dégagée de toute influence, comme le candidat ne peut pas s'embarquer de son propre chef, même en payant son voyage, et qu'il lui faut l'autorisation du Gouvernement de l'Indochine, c'est là qu'administrativement on le retrouvera, car c'est arbitrairement qu'on lui accordera ou qu'on lui refusera l'autorisation de départ qu'il sollicite.

Ce qui faisait écrire à l'*Indochine Républicaine*, dans son éditorial du 19 août 1926 :

« Quelle est, en effet, la part de M. Varenne
« dans cette première année d'efforts? L'acces-
« sion des indigènes aux emplois publics a été
« réalisée, sans doute, en principe, mais les res-
« trictions que renferme le décret du 21 Mai ne
« sont pas faites pour en faciliter la mise en pra-
« tique; il serait injuste, d'ailleurs, de faire grief

« *à M. Varenne de la prudence excessive de ses*
« *bureaux.* »

« *En dehors de cela, il n'y a plus que des in-*
« *tentions...* »

Cet avis très modéré donne la mesure de l'importance qu'il faut accorder à cette réforme.

b) Cet arrêté, qui peut être bien accueilli dans sa nouveauté, provoquera bientôt un mécontentement grandissant de la part de l'indigène, dès que celui-ci verra que cette mesure augmente encore l'arbitraire qui est de principe vis-à-vis de lui.

Il s'apercevra bien vite que cette disposition libérale ne sera appliquée qu'à titre exceptionnel, pour favoriser quelques-uns de ses compatriotes, au détriment de la masse, et il comprendra que ces dispositions seront exploitées comme une nouvelle source de concussion ou une manière de rémunérer des services qui n'ont rien à voir avec le Service lui-même.

Par ailleurs, le caractère annamite est très inquiet et quelque peu jaloux et envieux : ceux qui ne bénéficieront pas de cette faveur trouveront toujours, pour en voir bénéficier les autres, un motif qui ne sera pas leur mérite personnel.

Enfin, il créera une classe de jeunes privilégiés qui auront le pas sur la classe des vieux serviteurs de la cause française, trop âgés pour réclamer le bénéfice de cette nouvelle mesure et les découragera de leur loyalisme.

Cette classe qui, en Annam et au Tonkin, est le point d'appui de notre autorité, a été, nous le voyons, complètement sacrifiée par cette nouvelle mesure.

Heureux si la cause française n'a pas, par ce geste, subi le même sort.

Voilà l'économie de la première réforme que nous avons l'honneur d'étudier ici.

B. — 2° *Arrêté du 19 septembre 1926 sur les concessions*

Cet arrêté établit un plafond, dit-on, à l'attribution des concessions; il semble beaucoup plutôt dire aux amateurs de terres : « Vous savez! ne vous gênez pas, vous pouvez demander jusqu'à 15.000 hectares. » Car, en pratique, il était auparavant *exceptionnel* de demander en concession, plus de quelques milliers d'hectares, et, en cas d'exagération, le Gouverneur Général et le Conseil du Gouvernement étaient là pour opposer leur refus.

Disons tout de suite, en ce qui concerne l'indigène, que cet arrêté ne joue et ne jouera jamais à son profit; il ne peut donc lui être favorable.

En ce qui concerne l'attribution des grandes concessions, qui prend d'énormes proportions depuis l'arrivée de M. Varenne, les partisans font ressortir que c'est là une manière d'attirer en Indochine les gros capitaux, qui ne peuvent s'expatrier pour une affaire de moyenne importance, et qu'elle tend à faciliter la mise en valeur du pays.

En ce qui nous concerne, non seulement nous n'en sommes pas partisans, mais nous sommes nettement hostiles aux grands domaines, que l'on taille généralement au détriment de l'indigène, et nous voudrions qu'il n'y ait en Indochine que des propriétés de 10, 50, 100 et 300 hectares, mais qu'elles soient très nombreuses, et que les 4/5 appartiennent aux indigènes.

Pour les grandes entreprises qui ont des capitaux importants, il semble que limiter à 2.500 ou

3.000 hectares les terrains à défricher serait très suffisant pour utiliser de gros capitaux. Une fois la mise en valeur réalisée (dix ans après, par exemple), rien n'empêche ces sociétés d'acquérir de nouveaux domaines dans les mêmes conditions, sans pouvoir jeter jusque là sur partie des territoires indochinois un « veto » prohibitif, qui empêche la propriété indigène de s'établir, ou d'autres capitaux français d'y trouver leur emploi.

Par contre, limiter l'étendue des domaines à concéder empêche la collusion possible entre les hauts fonctionnaires, dispensateurs de ces territoires, et les grosses sociétés capitalistes bénéficiaires.

Vous comprendrez comme moi que, s'il s'agit de rétribuer des concours occultes, il est, du côté de celui qui verse, plus facile de traiter pour une somme ou une valeur importante que pour une rétribution modeste; et, du côté de celui qui reçoit, il est moins compromettant de recevoir des sommes ou des intérêts dans une grosse affaire que dans dix petites.

D'une part, le danger de publicité est moins grand et, de l'autre, l'affaire montée avec d'énormes capitaux, étant plus puissante, elle est plus susceptible de se défendre elle-même contre les investigations possibles de la justice.

Enfin, cela éviterait à nos gouverneurs les articles du genre de celui-ci :

« *La Réforme vient enfin de voir le jour, et*
« *tout s'explique : il fallait laisser tout loisir aux*
« *grands capitalistes amis, électeurs influents du*
« *Puy-de-Dôme, aux gros financiers de la taille,*
« *des Homberg, de faire leur choix, et quel*
« *choix!*

« *Laissant aux particuliers sans fortunes*
« *colossales quelques lopins de faible valeur,*
« *M. Varenne vend les terres d'Indochine par*
« *superficies immenses, d'un seul tenant, à des*
« *consortium, à des groupes d'affairistes. Ce*
« *qu'ils en feront? l'avenir nous le dira; je vois,*
« *pour mon compte, poindre, non pas un, mais*
« *dix scandales du genre de la NGOKO SAN-*
« *GHA. Caveant consules!* »

« (Indochine Républicaine,
du 3 octobre 1926.) »

La grosse affaire a également plus de marge pour s'assurer d'autres appuis par les parts de fondateurs, où les places rémunérées dans les Conseils d'administration, qui grèveraient trop lourdement la plantation moyenne.

Enfin, la grosse société a un effet démoralisateur vis-à-vis de la justice elle-même.

Devant les puissances financières, les pauvres magistrats, mal payés, se sentent bien faibles et bien impuissants dans la défense des intérêts des malheureux indigènes.

Les uns s'inclineront tout de suite, les autres résisteront un peu, d'autres enfin se dresseront contre les abus, qui ne manqueront pas de se produire sur les plantations, et seront brisés en un tour de main, c'est-à-dire déplacés.

Le travailleur n'aura donc plus, dans ces domaines, une garantie — aussi illusoire soit-elle — de justice; et le mécontentement gagnera de plus en plus le peuple, dont nous voulons nous attirer les sympathies.

... Mais il est un péril beaucoup plus grave, et auquel personne ne semble songer à l'heure actuelle. Ce péril, qui peut passer inaperçu de beaucoup, ne devrait pas échapper à un homme politique, à un Gouverneur Général de l'Indochine, et, surtout, à un socialiste convaincu.

En face de la grande propriété représentant un capitalisme très puissant, formé de capitaux presque exclusivement français ou européens, que préparez-vous pour un avenir prochain?

— La création d'un prolétariat indigène.

Vous préparez les mêmes conflits qui surgissent déjà entre les gens d'une même race et provoquent parfois des luttes si aiguës qu'elles sont suivies de révolutions.

Vous supprimez l'élément tampon de la petite propriété indigène, garantie de stabilité pour le Gouvernement français, et vous vous figurez que, dans les crises futures, où les discordes sociales se doubleront encore de questions de nationalités et de races, il suffira que vous ayiez là-bas un représentant civil et militaire et quelques hommes de troupes pour empêcher de s'émanciper le prolétariat, que vous aurez créé par votre inexpérience? Vous avez la naïveté de penser que vous l'empêcherez de se ruer contre vos nationaux et de les bouter dehors, afin de reprendre le bien que — ils vous le disent déjà — leur a légué leurs ancêtres?

Ou bien vous êtes des simples,... ou bien vous voulez ignorer les leçons d'histoire, ou bien vous fermez volontairement les yeux sur l'intérêt de la France, parce qu'un autre, plus puissant, le vôtre, vous préoccupe davantage : choisissez!

. . . .

AUTRE MODE NOUVELLEMENT USITÉ POUR OBTENIR
DES TERRES EN INDOCHINE

A vrai dire, ce système ne repose sur aucun texte légal; il a, néanmoins, été consacré par l'usage qu'en ont fait quelques privilégiés.

Voilà en quoi il consiste :

Un Français qui veut des terrains du Domaine va trouver un certain nombre d'indigènes, que l'on décore pompeusement du nom de chef de tribu ou de chef de village, et leur fait passer, à son profit, un bail emphytéotique, sous seing privé, de 99 ans, pour toute la région : 6.000, 8.000, 12.000 hectares.

Il verse à ces individus une petite somme pour les récompenser d'avoir donné leur approbation à l'acte qu'il leur a proposé, et fait ensuite approuver le marché par le Résident Supérieur. Il n'a plus qu'à prendre possession des terres. Ce processus est certainement illégal, car le bail emphytéotique, qui est considéré par la loi comme une véritable aliénation de propriété, ne peut être consenti sans titres; or, il n'est pas douteux que le terrain appartient au Domaine, et non pas aux bailleurs; mais, comme l'acte se fait sous signature privée, et qu'on ne le transcrit pas dans les trois mois au bureau de l'Enregistrement d'où dépendent les terres, personne n'est appelé à faire aucune observation.

Quant au Résident Sépérieur, qui engage ainsi sa responsabilité, il ne le fait, soyez-en sûr, qu'à bon escient.

Il n'est pas douteux que les arrêtés du 27 décembre 1913 et du 26 novembre 1918 lui interdisent d'intervenir dans les cessions ou concessions de terres domaniales au delà de 1.000 hectares; mais, qui pourrait se prévaloir de cette nullité, si ce n'est le Gouverneur Général? Or, c'est justement à l'avantage des amis les plus chers de celui-ci que sont passés les contrats : tout le monde est donc à couvert.

C'est un procédé fort habile, qui évite la publicité et les surprises que réserve souvent la mise
régulière des terres domaniales aux enchères
publiques (1).

Le Domaine se trouve frustré du prix d'adjudication, « Mais, bast! se disent les bénéficiaires, la
« France est bien assez riche pour qu'on puisse
« se permettre ces fantaisies! »

Tel n'est point notre avis, et nous condamnons
cette innovation de la politique Varenne, mais
dans l'impossibilité où nous sommes de l'empêcher, nous nous voyons obligés de la subir. Nous
nous sommes intéressés à ce que les bénéficiaires pouvaient faire, par la suite, de si vastes
étendues domaniales, car leur fortune ne semblait point en rapport avec la mise en valeur
obligatoire des terres ainsi obtenues.

Nous avons alors constaté que l'un d'eux,
M. Maillot, originaire du Puy-de-Dôme, où il était
garagiste, et ami de notre Gouverneur Général,
a apporté tout simplement son contrat — tel quel
— à un financier.

Ce brave homme n'est pas particulièrement un
patriote, car il l'a apporté à un étranger : un Hol-
landais.

Pour combien? — Nous l'ignorons.

Mais ce financier a monté, avec ce contrat, une
société au capital de 50.000.000, publiée le 26 janvier 1927 dans la *Gazette du Palais* (Compagnie
Agricole d'Annam), et il s'est réservé 80.000

____

(1) On a vu le cas, il y a deux ou trois ans, en Annam,
où un joli lot de plusieurs milliers d'hectares de terres
destiné à un particulier a été acquis par d'autres qui ont
bénéficié de ce que la publicité avait été réduite au minimum, et qui, le jour de l'adjudication, se sont trouvés
les seuls concurrents du bénéficiaire présomptif.

actions d'apport à 100 francs et 100.000 parts de fondateur.

Ces titres furent admis, presque immédiatement, — c'est-à-dire le 9 février suivant, — à la cote du Syndicat des Banquiers, au prix de 150 francs l'action, et de 948 francs la part de fondateur : les apports de ce financier, c'est-à-dire le contrat Maillot, ont donc été évalués à 106 millions 800.000 francs; le bénéfice net pour la Hollande est donc égal à cette somme, déduction faite de celle payée à M. Maillot pour la rétrocession de ses droits.

Je puis donc me permettre de dire que la politique coloniale Varenne n'est pas une source de richesse pour la France, et que ce n'est pas ainsi que nous pourrons prendre appui sur nos colonies pour nous remonter au point de vue financier.

C. — 3° *Arrêté comportant création du Crédit Agricole (4 septembre 1926)*

Cet arrêté, que M. Varenne a signé lors de son

---

(1) Le journal *La Griffe*, du 16 décembre 1926, dénonça ces irrégularités. Cette révélation fit une telle impression que M. Varenne câbla en Indo-Chine. D'urgence on manda le Résident Supérieur intérimaire à Hanoï, et on lui fit signer sur place, le 27 décembre 1926, un projet d'arrêté tout préparé concernant l'Annam, projet que le Gouverneur Général par intérim contresigna le jour même.

« Cet arrêté autorisait les baux emphytéotiques. »

Ce geste est comique, car aucun des arrêtés pris par un Résident supérieur, ni celui du 27 décembre 1926, ni celui du 30 juillet 1923, ne peut modifier un arrêté d'un Gouverneur Général tel que l'arrêté du 27 décembre 1913, modifié par celui du 26 novembre 1918 sur le régime des concessions, et enfin cet acte est insuffisant pour régulariser *a posteriori* le contrat Maillat du mois de juillet précédent.

départ, est inexistant, et n'a été pris que pour pouvoir être exploité en France comme une mesure établie dans l'intérêt de l'indigène.

Il convient, pour se convaincre de son inanité, de le reproduire dans son intégralité !

« Arrêté créant une institution du crédit populaire en Indcohine. »

« *Le gouverneur général de l'Indochine,*

« *Vu le sénatus-consulte du 3 mai 1854;*

« *Vu les décrets du 20 octobre 1911 portant* « *fixation des pouvoirs du gouverneur général et* « *organisation financière et administrative de* « *l'Indochine,*

 « *Arrête :*

« ARTICLE PREMIER. — *Il est créé en Indochine* « *une institution dite du Crédit Populaire ayant* « *pour objet :*

« *1° D'alimenter des services de prêts aux in-* « *digènes pour leurs opérations agricoles;*

« *2° De prêter son concours à la répartition* « *et au recouvrement éventuel des fonds, spécia-* « *lement consacrés par la Colonie à la réparation* « *des dommages causés par les accidents natu-* « *rels : typhon, inondations, épizooties, etc...*

« ART. 2. — *Cette institution comprend :*

« *1° Des banques communales chargées d'as-* « *surer les prêts à court terme et dont le mon-* « *tant ne dépasse pas cent piastres;*

« *2° Des banques provinciales, chargées de* « *créditer les banques communales et d'admi-* « *nistrer leur avoir statutaire, ainsi que de con-* « *sentir les prêts d'un montant supérieur à cent* « *piastres;*

« *3° Une caisse centrale, chargée de créditer* « *les banques provinciales et d'administrer les* « *fonds consacrés par le budget général à la ré-*

« *paration des dommages causés par les acci-*
« *dents naturels.*

« ART. 3. — *Les opérations de crédit sont ali-*
mentées comme suit :

« *1° Par la caisse centrale, au moyen de contri-*
« *butions du budget général, des budgets locaux*
« *et des dotations d'origines diverses spéciale-*
« *ment affectées au Crédit Agricole. La °caisse*
« *centrale ne fait pas de bénéfice et ne constitue*
« *pas de capital propre;*

« *2° Par des banques provinciales, au moyen*
« *des crédits de la caisse centrale de leur capital*
« *propre, des dépôts en compte courant ou à ter-*
« *me, effectués par les particuliers, les associa-*
« *tions, les communes et les banques commu-*
« *nales;*

« *3° Par les banques communales au moyen de*
« *crédit des banques provinciales et de leur ca-*
« *pital propre.*

« ART. 4. — *A titre provisoire et jusqu'à la*
« *création de la Caisse Centrale :*

« *1° Les banques communales et les banques*
« *provinciales seront constituées par arrêté du*
« *Gouverneur général, sur la proposition du ser-*
« *vice du Crédit approuvée par le Chef de l'Ad-*
« *ministration locale intéressée;*

2° Les fonds mis par la Colonie à la disposition
« *du Crédit populaire agricole seront suivis au*
« *moyen d'un compte spécial ouvert à la banque*
« *de l'Indo-Chine. Toutes les opérations dévolues*
« *à la Caisse Centrale seront faites au débit ou*
« *au crédit du compte.*

« ART. 5. — *Des arrêtés et instructions ulté-*
« *rieurs du Gouverneur général ou des Chefs*
« *d'administration locale, fixeront au point de vue*
« *administratif et financier, les règles d'exécu-*

« tion du présent arrêté, notamment les statuts
« des banques, les conditions et les taux des
« prêts, l'exercice du contrôle des opérations de
« crédit et les règles d'administration des fonds
« énumérés au paragraphe L de l'article premier.

« ART. 6. — Les Chefs d'administration locale,
« le Directeur des finances et l'Inspecteur géné-
« ral de l'agriculture, de l'élevage et des forêts,
« sont chargés, chacun en ce qui le concerne, de
« l'exécution du présent arrêté.

« Saïgon le 4 septembre 1926.
« ALEXANDRE VARENNE. »

Mais ces banques communales, ces banques
provinciales, et cette caisse centrale *n'existent
pas*, en conséquence, M. Varenne crée un Crédit
agricole qui repose tout entier sur un organisme
qui n'a pas encore vu le jour, qui prendra son
argent dans des caisses inexistantes : il tire un
chèque sans provision !

Aussi prend-il le même jour un autre arrêté
pour créer toutes ces appétissantes sources de
crédit :

Cet arrêté, le voici :

« *Arrêté créant un Service de Crédit agricole
« de l'Indo-Chine* »

« Le Gouverneur général de l'Indochine,

« Vu le Sénatus Consulte du 3 mai 1854;

« Vu les décrets du 20 octobre 1911, portant
« fixation des pouvoirs du Gouverneur général et
« organisation administrative et financière de
« l'Indo-Chine;

« Vu l'arrêté du 15 avril 1924, portant création
« d'une inspection générale de l'agriculture, de
« l'élevage et des forêts de l'Indo-Chine;

« Vu l'arrêté du 4 septembre 1926, instituant
« un crédit populaire agricole en Indo-Chine,

« *Arrête :*

« ARTICLE PREMIER. — *Il est créé au Gouverne-*
« *ment général de l'Indo-Chine un service du*
« *Crédit Agricole, chargé :*

« *1° A titre provisoire et jusqu'à la création de*
« *la Caisse centrale prévue à l'arrêté du 4 sep-*
« *tembre 1926 :*

« *a) De préparer, de concert avec les Adminis-*
« *trations locales, l'organisation des banques*
« *communales et des banques provinciales;*

« *b) De gérer de concert avec la direction des*
« *finances le compte spécial affecté au Crédit*
« *populaire agricole;*

« *2° A titre permanent, après la création de la*
« *Caisse Centrale, d'assurer le contrôle supérieur*
« *de l'institution du Crédit Populaire agricole*
« *dans les conditions qui seront fixées par le*
« *Gouverneur général.*

« *Ce service est placé sous l'autorité directe de*
« *l'Inspecteur général de l'agriculture, de l'éle-*
« *vage et des forêts.*

« ART. 11. — *Le personnel du Service du Crédit*
« *ainsi que de l'institution du Crédit agricole,*
« *est recruté parmi les fonctionnaires en service*
« *dans la colonie, et exceptionnellement parmi*
« *les fonctionnaires du Crédit Agricole du Minis-*
« *tère de l'Agriculture, mis hors cadre sur la pro-*
« *position du Gouverneur Général.*

« ART. 3. — *Les dépenses propres au service*
« *du Crédit Agricole seront assurées par le bud-*
« *get général.*

« *Provisoirement, les dépenses d'entretien du*
« *personnel européen chargé de la direction des*
« *banques et du contrôle local des opérations de*
« *crédit, seront également assurées par ce budget.*

« *Elles seront progressivement passées au compte*
« *des banques.*

« ART. 4. — *Le Secrétaire Général du Gouver-*
« *neur Général de l'Indochine, le Directeur des*
« *finances, et l'Inspecteur Général de l'agricul-*
« *ture, de l'élevage et des forêts sont chargés,*
« *chacun en ce qui le concerne, de l'exécution du*
« *présent arrêté.* »

« *Saïgon, le 4 septembre 1926.* »

« Alexandre VARENNE. »

Mais pour établir ces caisses qui vont être
créées et donner corps à ce second arrêté, il faut
créer un troisième organisme, inexistant lui aussi,
appelé le Service du Crédit Agricole qui, — *à titre
provisoire,* — va créer ce qui n'existe pas, et, —
à titre permanent, — aura des fonctions « *qui
seront fixées par le Gouverneur Général* »... plus
tard !...

Quel énorme bluff !!

Toute cette poudre aux yeux n'aurait-elle pas
tenu dans la nomination d'une commission chargée de préparer un projet?

— Oui, mais... le Crédit Agricole n'aurait pas
été créé, tandis qu'aujourd'hui il l'est !... bien que
nous ayons peut-être des raisons d'en douter.

. . . .

Heureusement que l'Indochine n'a pas attendu
le bon plaisir de M. Varenne pour avoir du crédit
agricole; il existe, depuis quinze ans déjà, sous
forme de prêts consentis par la Banque de l'Indo-
chine, avec la garantie de la colonie.

En ce qui concerne plus particulièrement les
indigènes, les garanties sont prises par une ins-
cription au dia-bô (1), par l'intermédiaire des

---

(1) Registre de la propriété foncière.

syndicats agricoles, qui touchent une ristourne de 2 0/0 en rétribution de l'aval qu'ils donnent; la colonie touche, de son côté, une ristourne égale, et pour les mêmes raisons.

En 1922, la province de Cantho empruntait, à elle seule, pour un million de piastres, et celle de Bac-Lieu pour plus de 400.000 piastres.

. . . .

D. — *Suppression de la contrainte par corps*

Je suis obligé d'en dire un mot, tellement le bruit s'en répand de plus en plus, mais il n'existe dans l'*Officiel* aucune trace de promulgation d'une mesure semblable.

Ce n'est ni une louange ni une critique : c'est un fait matériel que nous constatons; et nous sommes fondés à nous demander si ce n'est pas, une fois de plus, la réédition du procédé qui consiste, pour M. Varenne, à flatter l'opinion des gens qu'il veut se concilier.

CHAPITRE II

CE QUE M. VARENNE N'A PAS FAIT

Etudions maintenant ce qu'on aurait pu attendre de M. Varenne : 1° Dans le domaine des sanctions; 2° Dans le domaine des réformes.

A. — Dans le domaine des sanctions, M. Varenne n'a rien fait.

Les cas se présentent par milliers, qui réclamaient des châtiments exemplaires; les uns ont trait à des injustices concernant les Européens, les autres à des actes d'oppression dont les victimes étaient indigènes. Nous ne ferons qu'une énumération très incomplète de faits qui sont venus à notre connaissance et qui ont provoqué un mécontentement profond dans la masse, mais nous savons que, partout, des cas semblables se présentent, et si les détails et les preuves n'arrivent pas jusqu'à nous, c'est que souvent la distance et la conspiration du silence dont nous avons parlé nous empêchent de les connaître.

En ce qui concerne les Européens, citerons-nous les actes de basse police, révélés publiquement au cours du procès de l'affaire des jeux de Pnom-Penh, où l'on a établi que des fonctionnaires honorables, par suite d'un accord entre le Chef de la sûreté et le Résident Supérieur, étaient inscrits au carnet B de la Sûreté Générale à Paris (*à arrêter en cas de mobilisation*). On a cité des noms, et non des moindres : Barberot, receveur de l'enregistrement, *décoré de la croix de guerre;* Moulin, employé des postes, *décoré de la croix de guerre;* Savary, ingénieur des Travaux Publics, *décoré de la croix de guerre et de la Légion d'Honneur pour faits de guerre...* et d'autres encore.

M. Varenne n'a pas ignoré ces faits, qui venaient d'éclater quelque temps avant son arrivée, et dont il a été tenu au courant dès sa nomination en France.

Par ailleurs, le rapport du 3 septembre 1925 de la Section Cambodgienne au Comité Central de la Ligue des Droits de l'Homme disait :

« *Le Résident Supérieur Baudoin, en parti-*
« *culier, a toujours manifesté le désir d'être ren-*
« *seigné sur les faits et gestes des Français habi-*
« *tant le Cambodge, dès le mois d'octobre 1914,*
« *soit environ un ou deux mois après la prise de*
« *son poste. Le Commissaire Central de Pnom-*

« *Penh, M. Dupuy, lui adressait un rapport qui*
« *commençait ainsi :*

« *Comme suite à notre entretien en date de ce*
« *jour, j'ai l'honneur de vous fournir ci-après les*
« *renseignements que j'ai pu recueillir sur les*
« *Européens installés au Cambodge depuis que*
« *vous avez quitté le pays.*

« *Suivait un certain nombre de noms de Fran-*
« *çais, tous parfaitement honorables, sur lesquels*
« *le Commissaire Central fournissait des rensei-*
« *gnements, en se permettant d'y ajouter son*
« *appréciation, la valeur intellectuelle et morale*
« *de chacun d'eux.*

« *Quant aux renseignements eux-mêmes, ils*
« *avaient trait, pour la plupart, à la vie privée*
« *des personnes ainsi enquêtées.*

« *Donc, M. Baudoin préludait à ses onze an-*
« *nées de gouvernement au Cambodge par la*
« *recherche d'informations sans intérêt pour la*
« *sécurité publique.* »

. . . .

Faisant allusion au procès relaté plus haut
et aux faits révélés au cours des débats, ce rapport s'exprimait en ces termes :

« *Les indicateurs étaient choisis dans la lie*
« *de la population, parmi les vagabonds et même*
« *les repris de justice. L'un de ceux qui ont été*
« *démasqués dans l'affaire des jeux n'avait pas*
« *moins de neuf condamnations pour délits de*
« *droit commun.*

« *Dépourvus de ressources, paresseux et dé-*
« *bauchés, ces individus avaient trouvé dans leur*
« *métier de policier volontaire l'argent nécessaire*
« *pour assouvir leur passion de débauche sans*
« *renoncer à leur fainéantise.*

« *Faut-il dès lors s'étonner de l'abondance des*

« rapports qui affluèrent à la Sûreté? Faut-il éga-
« lement s'étonner de la bassesse des préoccupa-
« tions qui inspiraient ces rapports? de l'absence
« de toute sincérité?...

. . . .

« Aussi l'on arrivait à constituer d'ignobles
« dossiers, appelés à rester secrets et à produire
« des effets d'autant plus redoutables que les in-
« téressés, n'étant pas mis en garde, ne pouvaient
« se défendre. »

Ce rapport conclut :

« C'est à M. Baudoin que revient le mérite
« d'avoir institué l'organisation policière dont
« nous venons d'exposer les résultats. »

La surveillance de la police ne semblait pas suffisante, on y ajoutait la surveillance et même l'interception de la correspondance privée, comme il a été prouvé par extrait de la circulaire n° 541 C, citée plus haut (page 5).

Mais M. Varenne, le pied à peine posé sur le seuil de l'Indochine française, sacrifiait les victimes de ces actes, qui avaient emporté la réprobation générale et, bien que mis au courant, ne faisait rien pour mettre un terme à ces abus.

. . . .

Citerons-nous l'enquête Bellan?

M. Bellan, Résident de France, avait dénoncé, il y a quelques dix années, des faits particulièrement graves : condamnations par ordre, pillage du Trésor royal, actes de concussion et de corruption, en foule, etc..., et, pour remerciements, avait été mis à la retraite; ses protestations mirent plusieurs années avant de trouver un écho au sein du Parlement, mais, l'an dernier, une enquête avait été ordonnée aux inspecteurs des colonies; les entraves amoncelées par l'enquêté,

M. Baudoin, Résident Supérieur, qui avait laissé en fonctions, fut un véritable scandale.

Pas un fonctionnaire ou un individu quelconque dépendant du Résident Supérieur n'eut le droit de répondre librement; tous durent le faire par écrit et envoyer immédiatement à ce haut fonctionnaire le double de ses réponses; parfois même les recevait-il toutes dictées du Cabinet.

Les registres des prisons furent déclarés perdus ou détruits, le confidentiel fut refusé, enfin, lorsqu'on approcha de la question brûlante concernant les disparitions au préjudice du Trésor Royal, une plainte fut provoquée par M. Baudoin et soutenue par M. Varenne, pour qu'on ne puisse jamais savoir s'il manquait, ou non, des brillants à la couronne de Sa Majesté Norodom,... et où ils étaient passés.

Faits regrettables que l'*Indochine Républicaine* du 4 novembre 1926, moins réservée, expliquait ainsi, sous le titre « Cadeaux Royaux » :

> « *Cette transaction extraordinaire constitue-*
> « *rait le deuxième acte d'un « échange de*
> « *bons procédés » et serait la contre-partie des*
> « *laïs (1) magnifiques offerts à Mme Varenne,*
> « *lors de sa visite dans la capitale du Cambodge.*
> « *Les cadeaux comprenaient des boîtes et des*
> « *bijoux en or ciselé, et surtout quatre diamants*
> « *de la couronne, estimés de 15 à 20.000 piastres;*
> « *nous pouvons vous envoyer la liste du tout.* »

La façon dont cette enquête a été entravée aurait pu provoquer quelque émotion dans le monde parlementaire, mais M. le Ministre des Colonies, qui craint les émotions pour sa majo-

---

(1) Cadeaux.

rité, a-t-il décidé de refuser de communiquer le dossier de la mission d'inspection à la Commission des colonies, et n'a-t-il autorisé qu'un seul parlementaire, le Rapporteur, à venir en prendre connaissance, sans déplacement, dans son cabinet? (1)

C'est pourquoi, M. le Ministre des Colonies déclarait à la Chambre :

« *Il est préférable, dans l'intérêt même de la* « *vérité, d'envoyer sur place des enquêteurs qui,* « *membres du corps des inspecteurs des colonies,* « *sont soustraits à l'influence du milieu* (Déclara- « tion de M. le Ministre, séance du 1er décem- « bre 1926). »

Dans le lointain, l'écho moqueur vocalise :

« *Je ne veux pas savoir ce qui s'est passé avant* « *moi.* »

Sans chercher dans le passé, M. Varenne pouvait, au jour le jour, réprimer les abus du pouvoir. Des scandales éclataient à l'occasion de la fréquence des marchés de gré à gré.

D'énormes subventions, atteignant parfois plusieurs millions de francs, étaient données de la main à la main aux favoris de ses collaborateurs immédiats; puis, pour trouver l'argent, on augmentait les impôts des indigènes et les patentes des commerçants, parmi lesquels les concurrents, déjà lésés, de ceux dont on avait ainsi rempli les poches.

Ces faits furent dénoncés à M. Varenne, tant par les protestataires eux-mêmes que par les rapports de la Ligue des Droits de l'Homme, réclamant que de semblables errements ne continuent pas à être suivis.

(1) En fin d'ouvrage, nous publions une lettre authentique du Ministre des Colonies refusant à M. Marius Moutet, député, communication de ce dossier.

Le Gouverneur Général ne répondit même pas, et les faits scandaleux dénoncés se renouvelèrent par de nouvelles commandes, auxquelles on appelait ostensiblement à participer les maisons de la place, à l'exclusion de celles qui avaient osé protester.

Cet acte était d'autant plus maladroit que certaines des firmes visées ici avaient été montées par l'alliance des capitaux français et indigènes, et eut une répercussion pénible dans les milieux indigènes.

Le haut fonctionnaire signataire de ces marchés, se sentant couvert et se voyant si heureusement approuvé, eut alors des appétits qui ne connurent plus de bornes et mit sur pied, d'accord avec une grosse maison bénéficiaire, un projet de marché de gré à gré de 8 millions de piastres environ, soit 100 à 120 millions de francs.

« *Pnom-Penh, le 15 octobre 1926.*

« *Résident Supérieur à Gouverneur Général :*

. . . .

« *Par lettre n° 181, du 12 juin 1926, je vous ai*
« *signalé l'offre déposée par une société parti-*
« *culière et vous ai transmis un rapport du ser-*
« *vice technique exposant à nouveau le problème*
« *des remblais de Pnom-Penh. Vous avez bien*
« *voulu donner votre adhésion de principe à mes*
« *propositions en m'autorisant, même par télé-*
« *gramme n° 226 D du 22 juin 1926, à poursuivre*
« *de gré à gré sur la base de l'offre de la Société*
« *des grands Travaux de Marseille. »*

M. Varenne était d'accord, mais heureusement le contrôle financier, rouage qui semble encore hors d'atteinte de la gangrène coloniale, lança le cri d'alarme et déclara refuser son visa : un tel marché représentant un véritable emprunt déguisé.

« *Je ne veux d'autre responsabilité que la*
« *mienne!* » avait déclaré M. Varenne.

. . . .

D'autres faits particulièrement graves ont encore été portés à la connaissance de M. le Gouverneur Général, mais n'ont point, à ce qu'il semble, retenu son attention.

Le huitième jour du procès des assassins de
M. Bardez, Mᵉ Gallet, un des défenseurs, a été
l'objet d'une tentative d'empoisonnement.

Le samedi 12 décembre, Mme Gallet déposait
une plainte entre les mains du Procureur de la
République. Le lendemain, dimanche 13 décembre, au matin, ce magistrat répondait en ces termes :

« *Madame,*   N° 2274

« *J'ai l'honneur, en réponse à votre plainte du*
« *12 décembre 1924, contre inconnu, pour tenta-*
« *tive d'empoisonnement, de vous informer*
« *qu'après mon enquête et approbation de M. le*
« *Procureur Général, j'estime ne pouvoir pas*
« *mettre en mouvement l'action publique sans*
« *votre constitution de partie civile.*

« *Veuillez agréer, Madame, l'hommage de mon*
« *respect.* »

« SERVAIN. »

Au cours de cette enquête... nocturne, je le
suppose!... aucun des six témoins qui se trouvaient présents lorsque Mᵉ Gallet sentit, pour la
première fois, les symptômes de l'empoisonnement, ne fut entendu, et bien que ce crime inté-
ressât directement la société, le Procureur exi-
geait *une constitution de partie civile* pour mettre
la justice en mouvement.

Par ailleurs, — bien que Mᵉ Gallet n'ait
absorbé, depuis plus de vingt-quatre heures,

qu'un tilleul, et que le poison ait agi exclusivement sur le cœur, et non sur l'estomac, — à la question que lui posait télégraphiquement M. le Ministre des Colonies, M. Varenne répondait simplement : « indigestion ». Il le répète encore aujourd'hui, d'ailleurs.

A ce moment, l'écho lointain murmurait :

« J'ai l'intention de n'admettre ici d'autre res-
« ponsabilité que la mienne. »

. . . .

Mais cela... ce n'étaient que des griefs de Français, ils ne pouvaient avoir aucune répercussion sur la politique indigène.

Les indigènes, et assimilés, de leur côté, n'étaient, hélas! pas mieux partagés. La spoliation des terres qu'ils avaient défrichées et cultivées était fréquente et jetait une impression de mauvaise foi sur les procédés de l'Administration française.

Par contre, les favorisés par la combinaison faisaient, eux, d'excellentes affaires, dont ils étaient reconnaissants à leur manière. Par exemple : en glorifiant, envers et contre tous, le génie de l'homme qui les nourrissait d'un pain qui ne lui appartenait pas.

Le 14 avril 1926, la Ligue des Droits de l'Homme, dans un rapport adressé à l'Inspection des Colonies qui, à ce moment, était de passage à Pnom-Penh, signala le cas d'un nommé Té-Sean qui, depuis 1922, avait été dépouillé de terres qu'il avait personnellement mises en valeur, et qui, d'après l'évaluation même de Tribunal Takéo, lui rapportaient chaque année 22.000 mesures de paddy, dont le cours moyen est actuellement d'une piastre la mesure, soit un revenu annuel dépassant 250.000 francs.

Cette terre fut acquise, à vil prix, par un journaliste à la dévotion du Résident Supérieur : ce fut un scandale dans tout le Cambodge, en même temps qu'une façon princière de rémunérer les articles élogieux qu'il faisait passer dans la presse, sur la valeur supposée de ce Résident Supérieur au Cambodge.

Ce fait était d'autant plus grave que les biens immobiliers, seuls, comptent pour les indigènes.

M. Varenne ne sourcilla pas, aucune tentative de dédommagement ne fut faite... notre Gouverneur Général n'y retint que la manière d'enrichir ses amis.

« *Je ne veux pas savoir ce qui s'est passé avant moi* », répétait l'écho.

. . . .

En Annam, dans la région de Darlac, des faits particulièrement graves étaient découverts. Il **y** avait de nombreuses années qu'ils se perpétuaient en silence, mais, étant donné les difficultés d'accès de la région, rendues plus grandes encore par le Résident Sabatier, ils ne transpirèrent que tardivement.

Un code Moï, élaboré et promulgué par celui-ci, qui cumulait, nous le voyons, les pouvoirs législatifs, exécutifs et judiciaires, avait été mis en application.

La peine de mort y était prononcée, malheureusement trop souvent et les exécutions se faisaient par la pendaison.

Cette population, réduite à l'esclavage le plus dur, protesta. Des instituteurs rhadés, les premiers, dans ce pays, qui pouvaient écrire un peu la langue française, osèrent enfin exhaler les souffrances de leurs compatriotes et écrivirent au

Résident Supérieur, au Gouverneur Général et au Procureur Général, pour se plaindre.

Nous citons un passage textuel d'une de leurs lettres :

« *Il* (Sabatier) *est très méchant et malfaiteur*
« *avec tous les employés et habitants de la pro-*
« *vince de Darlac.*

« *Depuis deux ou trois ans tous les chefs des*
« *Rhadés sont mécontents de lui, mais ils sont*
« *illettrés, c'est pourquoi ils ne peuvent vous*
« *signaler et vous parler.* »

(Plainte d'un nommé Y-Hue.)

Ces plaintes furent partout étouffées, sauf celles envoyées au Procureur Général Colonna.

Mais M. Varenne déclara avec cynisme, devant le Comité Central de la Ligue des Droits de l'Homme, que le fait était absolument faux, que « *le fonctionnaire visé en a été très affecté, et* « *M. Varenne a cru de son devoir de le proposer,* « *en compensation, pour un avancement très* « *mérité.*

« *Quant aux dix-sept plaintes que M. Varenne* « *aurait arrêtées, elles n'existaient que dans* « *l'imagination des ennemis de M. Sabatier.* »

Nous nous voyons obligés de donner le démenti le plus formel à cette allégation, puisque copie desdites plaintes est entre nos mains, et nous allons, à titre de renseignements, en reproduire qulques passages dans le texte :

« *La plupart des coolies, des cantonniers, des* « *élèves et des employés qui sont en prison, il* « *les fait travailler péniblement et lourdement* « *toute la journée sous le soleil, et la tête sans* « *chapeau, porter de très lourdes et très grosses* « *pierres et courir continuellement, sans jamais*

« avoir aucune minute à repos. Il les fait garder
« par des miliciens, il dit aux miliciens de les
« frapper sans cesse, jusqu'à la mort, et il leur
« donne à manger que deux ou trois bols de riz
« par jour. D'autre part, de sept à huit heures du
« matin, et même pendant la nuit, il entre dans
« toutes les maisons de ses employés pour violer
« leurs femmes, pendant que les maris vont faire
« la corvée. Et si les femmes refusent son ca-
« resse, alors il se met en colère et se venge sur
« leurs maris et leur donne de graves punitions.
« C'est pour cela, Monsieur le Procureur Général,
« tous les employés, les chefs de villages et les
« habitants de Darlac veulent que le Résident
« soit expulsé tout de suite hors du territoire de
« la province de Darlac. »

. . . .

« Et même il les fait travailler lourdement,
« sans aucune minute à repos, de cinq heures du
« matin à six heures et demie du soir. Tous les
« mois, tous les ans, le travail continue toujours,
« alors les habitants n'ont plus le temps pour
« faire leurs rays (1) et leurs rizières. Et quant
« à l'année de disette, il défend à tous les habi-
« tants du Darlac d'aller acheter du riz chez les
« Binhs et les Pnongs, il veut que les Binhs et les
« Pnongs viennent lui vendre 0 piastre 03 le
« kilog, et il nous revend 0 piastre 10 le kilog de
« riz. S'il connaît un des Rhadés qui va acheter
« sa nourriture chez les Binhs et chez les Pnongs,
« il va le mettre tout de suite en prison, et il va
« comparaître devant le tribunal pour être jugé. »

(Plainte du nommé Y. Hue, secrétaire
de la Résidence du Darlac à Ben-
met-Thuot.)

-----

(1) Rizière de montagne.

« *Il a interdit les habitants d'aller acheter du*
« *r z chez les Pnongs du Lac. Il a interdit à la*
« *population de faire le ray, rizière de la monta-*
« *gne, près de la route. Il a également interdit*
« *les habitants de Ben-Met-Thuôt et de Ben-Ko-*
« *Sir d'aller chercher la patate sauvage pour*
« *apaiser la famine en cas de disette. En l'année*
« *1924, il était allé sur chaque route et avait tué*
« *des buffles qui n'étaient pas malades. Attendu*
« *que ces animaux sont très utiles à toute la*
« *population du Darlac, pourquoi osait-il, les*
« *avait tué. Attendu que ce fonctionnaire a mal-*
« *traité les habitants et les animaux domestiques*
« *dont on a besoin pour aider dans les travaux*
« *des champs. Il a ordonné au nommé Y. Ning,*
« *surveillant des travaux sur la route d'Annam,*
« *d'arrêter toutes les caravanes et emporte leur*
« *riz à Ninhhoa pour échanger du sel, car, lors-*
« *qu'ils ont vendu leur riz dans cette province, ils*
« *pourront bénéficier plus qu'à Darlac. Il a mis*
« *en prison et a infligé des amendes aux villages*
« *où y sont passés les voyageurs annamites, en*
« *disant que ces villages ont donné asile aux*
« *étrangers.* »

> (Plainte du nommé Y. Out. institu-
> teur de plein exercice à l'école
> franco-rhadé de Ben-Met-Thuot.)

« *1° Il a chassé les Annamites, les Laotiens,*
« *les Français hors de la province, disant que les*
« *Rhadés qui les ont chassés. Au contraire, c'est*
« *lui qui avait chassé ces individus.*
« *Comme les Rhadés ne savent pas parler et*
« *écrire le français, ils acceptaient tout ce qu'à*
« *dit le Résident;*
« *2° Il a défendre les Rhadés de porter les cos-*
« *tumes français, ou annamites, ou laotiens;*

« 3° Il a interdit les Rhadés de faire la rela-
« tion avec les Annamites ou Laotiens;

« 4° Il a défendre les Rhadés de ne pas faire le
« commerce ou les échanges avec les étrangers;

« 5° Il a interdit les Rhadés de se marier avec
« les étrangers annamites ou laotiens;

« 6° Il a interdit les Rhadés aussi d'aller ache-
« ter du riz chez les Binhs et les Pnongs du Lac;

« 7° Il a interdit les Rhadés de ne pas recevoir
« les étrangers : Français, Annamites ou Lao-
« tiens de pénétrer dans le pays, et c'est pourquoi
« il a chargé un de ses surveillants de la cons-
« truction des routes et des ponts d'aller brûler
« les ponts et abîmer les routes entre Kontum et
« Ben-Met-Thuot, disant que les ponts sont brûlés
« par le feu inconnu et les routes à peu près im-
« praticables.

« . . . .

« . . . .

« 12° En 1923 et 1924, il avait donné aux fem-
« mes des miliciens les aliments de l'internat,
« soit : courges, haricots, citrouilles, bananes,
« pour leur donner des cadeaux. Si les femmes de
« ses serviteurs ne sont pas contentes de lui,
« dont il veut les forniquer, il se venge sur leurs
« maris et les fait mettre dans la prison. Alors les
« femmes vont lui demander indulgence, et
« laisse tout ce qu'il voudra faire, peu après il
« délivre leurs maris.

« . . . .

« Il oblige les élèves de travailler forcément
« sous la pluie froide et la chaleur ardente,
« comme ils sont si petits et se fatiguent si vite,
« de plus, leurs estomacs ne sont pas assez rassa-
« siés et que, quelques fois, ils ont tout de suite
« attrapé la fièvre et quelquefois arrive la mort. »

(Plainte du nommé Y. Jut, instituteur
rhadé à l'école, de plein exercice, de
Ben-Met-Thuot.)

Le Résident Supérieur lui-même, par lettre du 18 octobre 1926, n° 1949 A. P., disait :

« . . . .

 « Sous ce numéro, vous m'avez effectivement
« *transmis dix-sept plaintes formulées par cer-*
« *tains indigènes du Darlac contre M. Sabatier. »*

« . . . .

 « Les résultats de l'enquête particulièrement
« *approfondie de ce haut fonctionnaire furent*
« *commuinqués au Chef de la colonie, et*
« *M. Alexandre Varenne décide, en accord avec*
« *M. le Résident Supérieur en Annam, qu'ils ne*
« *comporteraient d'autre conclusion que le re-*
« *tour désirable, en congé administratif, de*
« *M. Sabatier...*

« . . . .

« . . . .

 « Quoi qu'il en soit, les résultats de l'enquête
« *de M. d'Elloy, communiqués au Gouverneur*
« *Général, et M. Sabatier rapatrié, l'affaire dont*
« *il s'agit était donc désormais considérée comme*
« *clôse, et c'est précisément parce que le Chef*
« *de la colonie avait ainsi conclu, qu'en l'espèce*
« *une procédure régulière n'avait plus à être*
« *suivie..... »*

. . . .

Lorsque Sabatier apprit que des plaintes avaient été déposées contre lui, il entra dans une colère folle relatée par l'article de l'*Echo Annamite* du 13 janvier 1927 (1).

---

(1) « Lorsqu'il (Sabatier) apprit qu'une campagne de « presse était menée contre lui à Saïgon, il entra dans « une fureur folle ; s'armant d'une torche, il alla mettre

On pouvait donc, pendant le gouvernement de M. Varenne, violer les femmes, pressurer et mettre en prison les hommes et les enfants, et, si l'on était l'objet de plainte, cet excellent Chef croyait « DE SON DEVOIR DE VOUS PROPOSER, EN COMPENSATION, POUR UN AVANCEMENT TRÈS MÉ-« RITÉ ».

Noussavons que sa bienveillance est allée même jusqu'à proposer l'accusé pour la Légion d'honneur.

Mais le Darlac était le pays de prédilection de M. Varenne, où au moins de ses amis, et ces derniers avaient même fait le projet de s'y installer sur une base définitive.

Le Résident Sabatier tenait les fils de ces projets, et le gâteau était considérable : on parlait de 23.000 hectares, et le silence gardé par Sabatier avait ses exigences... il était bon de ne pas le mécontenter : cela fit sa fortune et son impunité.

En conséquence, son dossier est allé rejoindre, dans le silence léthargique du cabinet du Gouverneur Général, les différentes protestations de la Ligue des Droits de l'Homme, la dénonciation des iniquités du procès des assassins de l'affaire Bardez, les réclamations contre l'abus des marchés de gré à gré, passés au mépris du principe de la libre concurrence... et tout ce qu'il ne fallait pas que l'on connaisse sur la terre de France.

. . . .

Pendant ce temps, les Cambodgiens, abasourdis par les munificences coûteuses des représentants de la France, voyaient augmenter leurs

----

« le feu au quartier indigène et parla de tuer ceux qui
« avaient renseigné ces « voyous » de journalistes. Le
« Garde principal de la milice eut toutes les peines du
« monde à empêcher cet énergumène de couronner sa
« carrière de tyran de Ben-Met-Thuot par un exploit di-
« gne de Néron, » — (*Echo Annamite*, du 12 janvier 1927).

impôts dans des conditions telles que la colère les gagna, et que, malgré leur naturel extrêmement doux, ils en vinrent, dans la province de Kompong-Chnang, à assassiner un Résident en tournée de recouvrement, ainsi que son secrétaire et un milicien qui l'accompagnaient.

La répression de ce crime donna lieu à des scènes qui rappelaient toutes les atrocités de la guerre, jointes à toutes les iniquités imaginables dans le domaine de la justice.

. . . .

Les enquêtes et instructions se firent sans aucune des garanties exigées par la loi.

Le juge d'instruction Bonnet qui, aux termes mêmes du décret de 1906 devait, au début de chaque instruction, offrir aux indigènes l'assistance d'un avocat, allait jusqu'à défendre aux parents de certains inculpés, sous les menaces les plus terribles, de pourvoir à la défense de leurs enfants.

« *Etude de M⁰ Leautier, huissier à Pnom-Penh,*

« *Procès-verbal de la déclaration :*

—« *L'an 1925, et le 9 du mois de septembre, par* « *procès-verbal d'huissier, assisté d'interprète* « *assermenté; »*

« Preap-Sam déclare :

« . . . .

« *M. le Résident m'a envoyé chercher par un* « *milicien et m'a fait dire dans son bureau, par* « *l'interprète cambodgien appelé Nang, de ne pas* « *aller à Pnom-Penh pour voir l'avocat.*

« *Si je n'obéissais pas, on me mettrait à la* « *prison toute la vie, comme mon fils. »*

« Néang-Nhem déclare :

« . . . .

« *M. le Résident m'a fait venir à Kompong-*

« *Chnang, accompagné du Balat et d'un mili-*
« *cien, et là, dans un bureau, — il y deux Euro-*
« *péens et un interprète, — je ne les connais pas,*
« *mais j'ai appris que l'un des deux Européens*
« *était le Résident, — l'interprète m'a dit : « Il*
« *ne faut pas aller voir votre avocat, sinon, on*
« *vous mettra en prison pour toute la vie... »*
« Neang-Pin déclare :

« . . . .

« *J'ai appris par la rumeur publique qu'il ne*
« *fallait pas aller à Pnom-Penh pour constituer*
« *un avocat, sinon on serait mis en prison pour*
« *toute la vie... »*
« Neang-Pol déclare :

« . . . .

« *J'ai appris par ma sœur Néang-Pel que si*
« *j'allais à Pnom-Penh prendre un avocat pour*
« *défendre mon fils, on me mettrait en prison*
« *pour toute la vie, elle tenait cette défense de*
« *M. le Résident. »*

Cette attitude, soulignée par une plainte criminelle en faux, fut l'objet d'une fin de non-rece-
voir. On répondit à ces misérables indigents qu'il
leur appartenait d'avoir recours à la procédure
de « prise à partie ». C'était mettre ces malheureux, qui risquaient leur tête, dans l'impossibilité
d'obtenir justice (1).

Le Parquet Général s'émut cependant de ces
révélations, qui pouvaient avoir leur contre-partie
à l'audience, et demanda à M. Bonnet de fournir
des explications.

____

(1) Par ailleurs, nous avons l'exemple d'un acte de
prise à partie déposé depuis plus d'un an et qui ne verra
probablement le jour que lorsque le magistrat entre les
mains duquel il a été déposé sera attaqué lui-même
en déni de justice.

Dans un télégramme assez embrouillé, celui-ci reconnut qu'il avait été appelé à faire une enquête dans laquelle il lui avait été révélé qu'un nommé Chrek et un nommé Kouy avaient indiqué aux parents des inculpés la façon de s'y prendre pour constituer un avocat, mais il ajoutait aussitôt que c'était une enquête purement administrative (!), — ce qui arrêtait toute investigation du Service judiciaire.

Le télégramme est daté du 8 septembre 1925, et le 21 octobre suivant, ledit Chrek, pour avoir probablement réuni les sommes versées par les parents et amis des inculpés en vue de la constitution d'un avocat, et sans avoir été l'objet d'aucune plainte, — était condamné, sous ce prétexte, à un an d'emprisonnement par le tribunal cambodgien.

Voici les termes du jugement :

« Le Tribunal,

« Ouï les témoins en leur déposition,

« Ouï les prévenus.....

« *Attendu que pendant que l'Administration a* « *mis en détention les habitants de Derachhan* « *(alias Krang-Leou), le Chumptup Chrek avait* « *trompé les femmes des prévenus pour se faire* « *verser de l'argent, telles sont : la femme de* « *Long, 24 p.; de Chey, 20 p.; de Chuon, 18 p.; de* « *Strey, 20 p.; de Chun, 20 p.; de Krom-Iem, 5 p.,* « *et de So, 5 p...*

« *Par ces motifs,*

« *Condamne le nommé Chrek..... à un an de* « *de prison pour le fait du deuxième chef...*

« Signé : *Le Président* Kol,
Le Greffier, T. Van.

Ces pièces sont officielles. Un rapport de la

ligue des Droits de l'Homme, section de Pnom-
Penh, en date du 8 janvier 1926, a été envoyé à
M. Varenne, sur l'ensemble de l'affaire.

Ce dernier n'a jamais répondu, ni jamais pris
aucune sanction.

Bien mieux, comme pour Sabatier, il a donné
de l'avancement au Résident-Juge Bonnet.

Bravo! Et de deux!!

« *Plus de justice* », s'écriait M. Bui-quang-
Chieu.

. . . .

Dans la même affaire, pour obtenir des aveux,
les gens arrêtés, privés d'avocat, étaient torturés.
Certains d'entre eux, libérés depuis, sont venus
à l'audience en témoigner, sous la foi du serment,
voici, par ailleurs, les termes où ils l'avaient antérieurement révélé à la défense :

> *« Etude de Me Marius Leautier,*
> *Huissier à Pnom-Penh (Cam-*
> *bodge.)*

« L'an 1925 et le 28 octobre.

. . . .

« *Je, Marius Leautier, huissier près le Tribu-*
« *nal le première instance de Pnom-Penh, y de-*
« *meurant et domicilié, soussigné, assisté de*
« *Phalt, son interprète assermenté pour la lan-*
« *gue cambodgienne, j'ai interrogé le premier*
« *Cambodgien, et il m'a répondu :*

« *Je m'appelle Préap Chuon, âgé de 33 ans,*
« *demeurant au village de Kréang-Léou (Kom-*
« *pong Chnang), en sortant d'ici, je m'engage à*
« *la Pagode prêter serment, après récitation des*
« *prières rituelles, que tout ce que je vais vous*
« *dire est la vérité, et il continue :*

« *J'ai été arrêté par le garde principal avec un*
« *nommé Dy Mor, le quinzième jour de la lune*

« *croissante du mois de Pisat : vers quatorze heu-*
« *res on nous a conduit tous les deux dans la*
« *brousse, escortés de cinq miliciens et, autant*
« *que je me rappelle, on m'a interrogé pour*
« *savoir si j'avais donné des coups à M. Bardez,*
« *j'ai répondu : « je n'ai pas participé à cette*
« *affaire là, je suis resté chez moi », alors on*
« *m'a frappé avec des crosses de fusils dans les*
« *jambes, dans le dos et derrière la tête, et mal-*
« *gré les coups reçus j'ai toujours nié, on m'a*
« *mené plus loin et on a continué à m'interroger*
« *tout en me frappant; après on m'a mis la tête*
« *dans un nid de fourmis rouges, qui sont en-*
« *trées dans mes yeux et dans mes oreilles,*
« *j'avais les mains attachées derrière le dos, on*
« *m'a déplacé tout en me frappant et là, cette*
« *fois, le garde principal a pris son révolver, l'a*
« *placé sur ma tête et a tiré un coup dans le*
« *vide, et j'en ai eu les cheveux brûlés; j'ai tou-*
« *jours nié, on m'a ramené au village, conduit*
« *par des miliciens, et on m'a incarcéré à la*
« *Sala-Khum, où je suis resté une nuit attaché*
« *à une colonne; le lendemain on m'a mené en*
« *charrette à Kompong-Chnang, où je suis resté*
« *vingt-quatre jours détenu et interrogé plu-*
« *sieurs fois, puis on m'a remis en liberté. »*

. . . .

« *Le deuxième a répondu :*
« *Je me nomme Ke-Say.....*

. . . .

« *J'ai été réquisitionné par le Chumtup Chap*
« *pour conduire une charrette afin de transpor-*
« *ter trois individus arrêtés : les nommés Mor,*
« *Nou et Chuon, ces individus ne pouvaient pas*
« *marcher; ils étaient déjà dans la charrette*
« *quand je suis arrivé; j'ai remarqué que Chuon*

« avait des chiffons au bras gauche et à la jambe
« droite et avait les yeux tuméfiés...

   « Le troisième a répondu :

   « Je me nomme So-Nou,... on m'a demandé si
« j'avais participé à l'assassinat de M. Bardez,
« j'ai répondu : non. Alors on m'a frappé avec les
« pieds et avec des troncs de bambous qui ser-
« vaient d'ordinaire à activer les bœufs.........
« ....
« on m'a conduit à Kompong-Chnang en char-
« rette, il y avait Mor, Chuon et moi. Chuon avait
« les yeux tuméfiés et avait des blessures à la
« jambe droite et au bras gauche, il avait des
« pansements. ....
....

   « Le quatrième a dit :

   « Je m'appelle Ouch-Buth... j'étais chargé de
« garder le cheval du garde principal, j'ai vu que
« le nommé Chuon avait des blessures aux jam-
« bes et aux bras, il avait les yeux tuméfiés....
« ....
« De là nous nous sommes rendus à la Pagode du
« Pnom, où j'ai constaté encore que les nommés
« Buth, Mor, Néou et Chuon avaient, après les
« prières et les cérémonies d'usage, prêté le ser-
« ment solennel que tout ce qu'ils avaient déclaré
« était l'expression de la vérité, ce serment a été
« fait en présence du greffier de la séla Lu-
« ckhum et d'un chef des Bonzes...............
....

« Signé : LEAUTIER. »

« Enregistré à Pnom-Penh (Cambodge), le 29 octobre 1925,
folio 41, case 27. Reçu une piastre vingt cents.

« Signé : BARBEROT. »

Des indifférents ont crû de leur devoir de

remettre à la Défense leur témoignage écrit; l'un d'eux, daté du 21 décembre 1925, est formulé en ces termes :

« *Cher Maître,*

« *Je vous confirme notre entretien de ces* « *jours-ci, à savoir que, au cours des débats,* « *M. T., adjoint de Kompong-Chnang, déclarait* « *avec un cynisme révoltant que, pour faire* « *avouer les inculpés de l'affaire Bardez, le seul* « *moyen était d'employer la trique.*

« *Je me permets de faire état de la présente* « *déclaration, outré de l'emploi de pareils pro-* « *cédés en tout état de cause.*

« *Agréez, cher Maître...*

Un autre du 29 janvier 1926 est ainsi conçu :

« *Mon cher Maître,*

« *Je vous confirme qu'à Kompong-Chnang,* « *M. T. m'a dit que, pour faire avouer les incul-* « *pés de l'affaire Bardez, il avait été bien obligé* « *de les frapper, et vous en apporte ici le témoi-* « *gnage.*

« *Veuillez agréer, Cher Maître...* »

Des personnages de sang royal eux-mêmes s'émurent et, le 18 décembre 1925, écrivaient à la Défense en ces termes :

« *Mon Cher Maître,*

« *Je suis avec émotion les débats de l'assas-* « *sinat de* **M.** *Bardez et je m'aperçois qu'on* « *cherche à tromper la justice en faisant croire* « *que le crime a été commis par une bande de* « *pirates.*

« *Je suis propriétaire dans la province de* « *Kompong-Chnang, et puis vous assurer que* « *c'est à cause de l'augmentation exagérée des* « *impôts que le résident a été tué.*

« *D'ailleurs, le balat Long, qui était venu au*
« *début de l'année, a été, lui aussi, molesté.*

« *On vous a dit à l'audience qu'il avait tort et*
« *qu'on lui a fait retirer sa plainte : mais l'une*
« *des femmes qui l'ont frappé a été mise en pri-*
« *son avec son mari après l'assassinat de M. Bar-*
« *dez. Cette femme s'appelle Emme et son mari*
« *Yim. A l'heure actuelle, ce ménage y est encore*
« *détenu.*

« *Il n'est pas douteux, comme vous l'avez dit,*
« *que les aveux ont été arrachés par la violence,*
« *c'est de notoriété publique à Kompong-Chnang.*

« *La plupart des témoins, fonctionnaires de*
« *l'administration, ont récité une fable. Ces fonc-*
« *tionnaires savaient très bien que le peuple cam-*
« *bodgien était très mécontent de l'augmentation*
« *des impôts et que les maladresses du résident*
« *n'étaient pas pour calmer l'exaspération des*
« *habitants de Krang-Léou.*

« *Je vous signale également un fait qui a sou-*
« *levé l'indignation : celui de la dénonciation par*
« *un bonze qu'on a fait témoigner en justice. Ce*
« *prêtre n'a pas observé sa loi religieuse; en agis-*
« *sant ainsi; il a d'ailleurs été injurié à l'audien-*
« *ce par les agents indigènes de la Sûreté.*

« *Je vous apporterais bien mon témoignage à*
« *l'audience pour établir les faits,* MAIS JE SUIS
« DE LA FAMILLE ROYALE ET SOUMISE A SA MAJES-
« TÉ. SA MAJESTÉ A 86 ANS ET CONTRESIGNERA
« TOUT CE QU'ON VOUDRA LUI REMETTRE A SIGNER.
« *Personne n'ignore que, pour plaire à certains*
« *gouvernants français, l'entourage habituel du*
« *roi* (1) *le fait agir le plus souvent contre les in-*
« *térêts de son peuple. Je ne suis pas la seule à*

---

(1) Thioun, ministre du Palais, d'origine sino-cambod-
gienne, complice de M. Baudoin.

« le dire. De braves Français qui ont vu les cho-
« ses de très près ont consigné dans leur livre
« les faits les plus caractéristiques de la pression
« morale qu'on exerce sur notre souverain.

« Nous, Cambodgiens, savons bien que Sa
« Majesté a résisté longtemps avant de se rendre
« à Kompong-Chnang après la mort de M. Bar-
« dez. La nouvelle dénomination de Khum Kg
« Léou en « Khum des bêtes féroces ». n'est pas
« une trouvaille de Sa Majesté. Je vous répète,
« Mon Cher Maître, qu'on abuse de la douceur
« naturelle et du grand âge de notre Roi.

« Ici, il n'y a rien à faire. C'est toujours l'his-
« toire du Loup et de l'Agneau. Je préfère vous
« remettre mon témoignage écrit pour que
« vous l'emportiez en France, et là, faites-en
« l'usage qu'il vous conviendra dans l'intérêt de
« mes pauvres compatriotes.

« Veuillez agréer, etc... »

A l'audience, les accusés se présentaient avec
des cicatrices, des orteils brisés, des ongles arrachés et affirmaient avoir été l'objet de ces violences au cours de l'instruction. Le ministère
public mettait cela sur le compte de la police et
déclarait que ces coups avaient été portés au
cours de leur arrestation, et cependant aucune
des traces n'existaient le jour de leur mise sous
mandat de dépôt par le résident-juge.

Les conclusions suivantes furent déposées :

« Cour criminelle de Pnom-Penh.

« Conclusions.

« Pour : Om-Chuon, Dy Mor et consorts
« (M° Lortat-Jacob, Gallet, Dufond et de Perce-
« vaux).

« Contre : Ministère public.

« Plaise à la Cour,

« *Attendu que tous les accusés affirment*
« *n'avoir fait des aveux et des dénonciations que*
« *sous l'empire de la douleur pour les uns et par*
« *la peur des coups pour les autres;*

« *Attendu qu'à l'appui de leur dire, les accu-*
« *sés ont montré à la Cour un certain nombre de*
« *traces et cicatrices non portées à leurs fiches*
« *anthropométriques établies à leur entrée en*
« *prison;*

« *Attendu que, devant la sincérité manifeste*
« *de leurs déclarations, M. le Docteur Menaut a*
« *été commis pour visiter à l'audience des incul-*
« *pés témoigner sur la véracité de leurs alléga-*
« *tions et en rendre compte à la Cour, que le doc-*
« *teur Marriq a été également appelé à l'au-*
« *dience;*

« *Attendu que ce dernier expert a reconnu des*
« *traces cicracielles sur le corps des accusés;*

« *1° Om-Chuon. — Une trace faite par un ins-*
« *trument contondant à la tempe gauche et plu-*
« *sieurs dans le dos (docteur Marriq);*

« *2° Dy Mor. — Des traces de coups sur le*
« *corps, provenant d'instruments contondants,*
« *dont quelques-unes remontent à plus de deux*
« *mois (docteur Marriq);*

« *3° Pum. — Blessures à traces sur la tête,*
« *pouvant avoir l'origine indiquée par l'inculpé*
« *(docteur Marriq);*

« *4° Tep-Préung. — Cicatrices au menton pou-*
« *vant provenir d'un coup de pied;*

« *Que ce praticien a déclaré que ces blessures*
« *avaient pu être faites entre le 21 avril et le*
« *8 juin 1925;*

« *Que le docteur Menaut a déclaré, après avoir*
« *constaté l'existence de mêmes cicatrices : « Rien*

« *ne s'oppose à ce que les blessures aient été faites*
« *entre le 21 avril et le 8 juin;*
    « *Que la Cour, d'ailleurs, a constaté, même*
« *préalablement à tout examen médical à l'au-*
« *dience, la réalité des traces ci-dessus énumé-*
« *rées sur le corps des divers accusés;*
    « *Attendu qu'il y a lieu en conséquence de don-*
« *ner acte à la défense de ces constatations pour*
« *qu'elle en tire telles réserves qu'il appartient,*
    « *Par ces motifs :*
    « *Donner acte à la défense des constatations*
« *ci-dessus mentionnées faites par MM. les doc-*
« *teurs Marriq et Menaut, directeur du service de*
« *santé, médecin expert.*
    « *Et ce sera justice.*
    « *Pour conclusions :*
    « *Pnom-Penh, le 8 décembre 1925.*
    « *Les Avocats-Défenseurs :*

. . . .

    « *La Cour rend un arrêt concédant acte.* »
Ces faits étaient clairs, et il était facile de
prendre des sanctions. M. Varenne, qui se targue
d'être indigénophile, a préféré, comme dans
l'affaire Sabatier, les ignorer ou les couvrir.
    « *J'ai l'intention de n'admettre ici d'autre res-*
« *ponsabilité que la mienne.* »
    « *Plus d'humanité! gémissait, en Cochinchine,*
« *M. Bui-quang-Chieu.* »

. . . .

Au cours du procès en Cour criminelle qui
dura 16 jours, une pression continue et de tous
les instants fut remarquée de la part de MM. Bonnet et Chassaing, ainsi que la Sûreté de Pnom-
Penh, tous agissant pour le compte du résident
supérieur Baudoin.
    A l'audience, on interrompit les témoins, on

leur obstruait le passage volontairement pour qu'ils ne puissent éviter le coup d'œil menaçant des hauts fonctionnaires cités plus haut. Un commissaire de la Sûreté notait leur déposition, en vue de représailles; on mandait à la Résidence supérieure les jurés cambodgiens et on leur donnait des ordres, on refusait à la défense le compte rendu sténographique des débats, que l'on mettait à la disposition de la partie civile et bien d'autres agissements coupables, qui motivèrent les conclusions de la défense que nous reproduisons ci-dessous.

Tous ces actes se passaient sous la haute direction de l'inspecteur des Affaires politiques Chassaing.

« *Conclusions*

« *Pour les nommés Om-Chuon, Dy Mor et*
« *divers. Plaise à la Cour :*

« *Attendu qu'au cours des dépositions des*
« *témoins Bornet et Pujo, des interruptions et*
« *des interventions bruyantes, aussitôt arrêtées*
« *par M. le président, se sont produites de la part*
« *des témoins Bonnet et Chassaing déjà enten-*
« *dus;*

« *Attendu que ces interventions révèlent sans*
« *équivoque l'intérêt personnel que les témoins*
« *susnommés, tous deux fonctionnaires de l'ad-*
« *ministration, peuvent avoir à défendre aux*
« *débats;*

« *Attendu qu'il convient qu'il soit concédé acte*
« *de cette attitude à la défense,*

« *Par ces motifs :*

« *Concéder acte à la défense des interruptions*
« *réitérées en cours de témoignages qui se sont*
« *produites et émanant des témoins déjà enten-*
« *dus : Chassaing et Bonnet.*

« *Et ce sera justice.* » .

. . . .

Après l'arrêt définitif de la Cour, ce haut fonctionnaire fit rétrograder le juré Mau, fonctionnaire cambodgien, coupable de lui avoir fait poser par le président de la Cour criminelle une question embarrassante qui démolissait sa thèse et perçait à jour le manque de sincérité de son témoignage.

Enfin, après les débats, M. Chassaing se laissait entraîner jusqu'à injurier, par la voie de la presse, le témoin Gayno, blessé et décoré de la Croix de guerre, qui n'était coupable que d'avoir dit la vérité en justice. Cet esprit, généralement constaté au cours du procès tout entier, faisait conclure par Mᵉ Gallet dans sa plaidoirie :

« *C'est qu'il y avait une vérité administrative*
« *qu'il fallait dire et une vérité judiciaire qu'il*
« *fallait taire.* »

L'Indo-Chine tout entière eut connaissance de ces faits, et M. Varenne les aurait connus par la rumeur publique ou par la presse même, s'il n'avait pas reçu le rapport de la Section cambodgienne de la Ligue en date du 8 janvier 1926.

« Chassaing! Voilà un homme dont je me servirai au besoin » dut s'écrier aussitôt notre Gouverneur Général; car, quelques mois après, il le nommait directeur de son cabinet et l'emmenait en France avec lui... Et de trois!!!...

Sabatier! Bonnet! Chassaing! Bravo M. Varenne! voilà qui ressemble fort à une habitude. ... Voilà comme vous aimez les indigènes... et la justice!

. . . .

Autour de la Défense, on avait créé une obstruction farouche l'empêchant d'user des droits que la loi lui conférait.

Refus d'interprètes assermentés pour les actes à caractère officiel (les seuls interprètes assermentés étant en fonction au tribunal);

... Entraves à la libre communication avec les prévenus à la prison.

Procès-verbal de constat du 28 octobre 1925. Etabli en ces termes :

« ....

« *Me suis rendu à la prison centrale où étant*
« *et parlant à M. Perrot, directeur de ladite pri-*
« *son, je lui ai fait part en présence de mon*
« *requérant de ma mission, et il m'a répondu :*
« *Après avoir consulté téléphoniquement M. le*
« *Procureur de la République, il m'a été donné*
« *l'ordre suivant :*
« *Quand les permis ne portent pas la mention*
« *« permanent », ces permis ne sont valables que*
« *pour une seule visite, et il faut chaque fois un*
« *nouveau permis; cette mesure s'applique égale-*
« *ment aux avocats-défenseurs; M. Perrot me*
« *montre un permis du 16 juillet 1925 au nom*
« *de M⁰ Lortat-Jacob et Dufond pour communi-*
« *quer avec les hommes Mor, Bith, Binh, accusés*
« *de la Cour criminelle (affaire Bardez) et un*
« *autre du 29/9 sur lequel est écrit en marge :*
« *Suivant autorisation de M. le Procureur géné-*
« *ral en date du 29/9 1925 signé : le Procureur*
« *de la République : Servain. M⁰ Lortat-Jacob*
« *fait remarquer à M. Perrot que le premier per-*
« *mis lui sert depuis 3 mois, M. Perrot répond*
« *qu'à la suite d'une conversation téléphonique*
« *avec M. le Procureur de la République en sep-*
« *tembre passé, les ordres suivants lui ont été*
« *donnés : « Il reste bien entendu que vous devez*
« *retirer aux personnes qui ont des permis ne*
« *portant pas la mention « permanent », et cet*

« *ordre m'a été confirmé hier pour M* Lortat-
« *Jacob.* »

... Menaces de poursuites d'abord, puis poursuites contre la Défense qui se plaignait des dila-
pidations criminelles de deniers publics, qui avait
poussé la population au meurtre.

A cet effet, l'avocat général d'audience alla
jusqu'à composer au greffe une reproduction
erronée des paroles attribuées à l'un des avocats,
et surprit ainsi à la Cour un arrêt de « donné
acte » qui ne correspondait pas à la réalité des
paroles prononcées; ce passage a d'ailleurs été
cité depuis, à la Chambre, par M. le député Voi-
lin, en ces termes :

« *Vous pouvez la monter aujourd'hui sans*
« *crainte (il parlait de la route qui conduit au*
« *palais du Bockor); les soubassements sont à*
« *l'épreuve, car ils sont consolidés d'ossements*
« *humains blanchis.*

« *En haut, en guise du calvaire qui s'imposait*
« *— un pardon — c'est un palace qui dresse son*
« *orgueilleuse silhouette. Mais, sur ce palace, on*
« *a oublié de faire flotter le drapeau noir por-*
« *tant comme emblème un crâne et deux tibias*
« *entrecroisés.* »

L'avocat qui protestait ainsi contre l'abus des
dépenses somptuaires et des sacrifices inutiles
de vies humaines, poursuivi devant ses pairs
d'abord, puis devant la Cour d'appel, toutes
Chambres réunies, fut mis hors de cause avec
des considérants justificateurs dont les suivants :

« *Considérant que, prise en soi, la phrase*
« *incriminée signifie que le protectorat du Cam-*
« *bodge n'a pas reculé devant la cruelle dispro-*
« *portion entre le nombre élevé de décès dans la*
« *main-d'œuvre et l'importance plutôt faible de*

« *l'objectif poursuivi, à savoir la construction*
« *d'un hôtel; qu'enfin nos couleurs nationales*
« *flottent mieux à l'aise là où les bienfaits de la*
« *paix française apparaissent plus nettement que*
« *sur le chemin de Bokor...* »
Et plus loin :
« *Considérant que le seul préjudice souffert*
« *par la chose publique est en ce fait que des*
« *hommes généralement paisibles et respectueux*
« *de l'autorité légitime ont été conduits jusqu'au*
« *meurtre par un ensemble de procédés adminis-*
« *tratifs vexatoires, en absolue contradiction avec*
« *les paroles et les enseignements des premiers*
« *personnages de l'Etat dressés dans le rayonne-*
« *ment de la tribune française;*
« *Considérant qu'en Indo-Chine, colonie loin-*
« *taine soumise au régime des décrets, le pou-*
« *voir administratif local est pratiquement sans*
« *contre-poids si les milieux judiciaires ne*
« *donnent l'exemple d'une opposition sage et*
« *modérée; qu'en effet ni les fonctionnaires*
« *silencieux par devoir, ni les commerçants et*
« *industriels dans l'attente des faveurs et des*
« *commandes administratives, qui réagissent, si*
« *parfois l'administration vient à s'égarer.* »
Ces incidents firent beaucoup de bruit en Indo-
Chine, mais M. Varenne sembla ne pas vouloir
les connaître.

. . . .

Conformément à l'engagement qu'elle avait
pris vis-à-vis de lui, la Section Cambodgienne de
la Ligue des Droits de l'Homme saisit le Gouverneur Général en l'équité duquel elle avait
alors toute confiance.
Le rapport était rédigé en ces termes :
« *Elle* (la Ligue) *s'est engagée envers vous qui*

« *avez été l'un des fondateurs de la Ligue a vous*
« *soumettre préalablement toutes les communi-*
« *cations qu'elle adresse au Comité central.*

« *C'est en exécution de ses promesses et dans*
« *un esprit de* collaboration confiante, *auquel*
« *vous avez bien voulu faire appel, que la Section*
« *de Pnom-Penh vous a déjà adressé plusieurs*
« *communications...* »

La Section Cambodgienne s'aperçut, « hélas! trop tard », que M. Varenne n'avait fait appel à cette « collaboration confiante » que pour anéantir avec plus de sûreté ses effets, car, depuis, le Comité central ne répondit jamais à aucun des rapports de la Section cambodgienne; ... enfin, aujourd'hui, nous voyons encore le Gouverneur Général user de tous les faux fuyants pour donner le change, ou éluder, le plus longtemps possible, la réponse aux questions précises qui lui sont enfin posées; et attitude qui n'aboutit qu'à surexciter son indignation d'une part, et à justifier son attitude hostile de l'autre.

CHAPITRE III

RÉFORMES FACILES ET QUE M. VARENNE A NÉGLIGÉES

Or, pour remédier à la situation navrante où était l'Indo-Chine au moment de son arrivée, M. Varenne n'avait aucun besoin immédiat de prendre des arrêtés : il était armé par les textes déjà existants, pour les choses les plus urgentes.

Pour protéger le crédit populaire, pourquoi le Gouverneur Général n'a-t-il pas fait jouer le décret de 1914 sur l'usure, qui reste dans les cartons depuis qu'un de ses prédécesseurs a déclaré qu'il

« *ne fallait faire aux chettys* (1) *nulle peine, même légère* ». Les résultats eurent été excellents; or, le taux légal de l'argent : 12 %, est assez rémunérateur pour qu'on s'en tienne là.

Mais non, rien !

Tous les jours, et aux yeux de tous, des contrats de prêts à 18 %, 24 %, 36 %, 60 %, et plus, sont soumis à l'appréciation des tribunaux civils. Ceux-ci, dans leurs jugements, réduisent au taux légal de 12 % ces taux conventionnels exagérés, mais le Ministère public se tient coi, car il sait qu'en haut lieu il a toujours été tacitement convenu que cette question ne serait pas soulevée.

Un simple mot de M. Varenne à ses deux procureurs généraux, et la loi pénale aurait immédiatement été appliquée et aurait protégé l'indigène et même le Français, obligés de recourir à des conditions exagérément onéreuses.

Oui, mais seulement !... voilà... ces réformes et ces actes de protection de l'indigène se seraient fait sans bruit, sans publication dans le *Journal Officiel*, et M. Varenne a toujours préféré signer une réforme — même inutile — qui paraît à l'*Officiel* que de prendre en silence une mesure indispensable qui n'y paraît pas.

RÉFORME DES MANIÈRES POLICIÈRES

M. Varenne aurait pu également, par le moyen de circulaires, interdire la surveillance vexatoire des Français et le détournement de leur correspondance.

Vis-à-vis de l'indigène, il aurait pu enrayer les brutalités de la police! Il aurait pu prendre des sanctions contre les actes qui lui avaient été dé-

---

(1) Banquiers indiens, généralement de nationalité anglaise.

noncés et, ainsi, sinon supprimer complètement, au moins limiter autant que possible les actes de brutalité journaliers dont on ne lui apportait que trop de preuves.

Cependant, la loi annamite, dont nous avons conservé en partie les coutumes vis-à-vis des indigènes — si elle prévoyait le rotin comme peine corporelle après prononcé de jugement — n'a jamais prévu les violences comme mode d'inquisition ou moyen d'obtenir des aveux.

En apportant à l'indigène cette civilisation « d'un mode tout particulier », nous l'avons donc, sur ce point, fait rétrograder de plusieurs siècles dans notre civilisation occidentale.

Voulez-vous un exemple :

Le 17 août 1924, un vol de bijoux était commis au préjudice d'un nommé Dong, sujet annamite, habitant dans le quartier de Russey-Keo (Pnom-Penh).

Les soupçons se portèrent sur le coolie de la maison, du nom de Thien, qui, désigné par son patron, fut immédiatement arrêté.

Thien commença d'abord par nier le vol; on le frappa et, bientôt, chancelant sous les coups que lui portaient à l'envi les agents de la police indigène et le secrétaire du poste, il (consentit) à avouer.

Ce point acquis, on voulut l'obliger à désigner le lieu où il avait caché les bijoux volés.

N'étant pas coupable en réalité, il lui était difficile d'accéder aux exigences de ceux qui l'interrogeaient. Les coups recommencèrent donc à pleuvoir sur le malheureux, qui, de temps à autre, pour qu'on le laissât respirer quelques instants, désignait un endroit, puis un autre. A chaque fois, bien entendu, les recherches étaient vaines, et les coups recommençaient de plus belle, tant et si bien qu'il finit par cracher le sang.

A bout d'espoir et se sentant défaillir, il eut alors l'idée de demander la permission de rembourser la valeur des objets volés.

Sa mère fut envoyée parcourir le village pour trouver, à n'importe quel prix, du crédit. Après avoir frappé à de nombreuses portes, elle entra chez un nommé Kinh, qui accepta de lui verser 250 piastres, moyennant quoi : elle et ses deux fils s'engageaient à travailler pour le prêteur sur ses pêcheries des Grands Lacs du Cambodge pendant 3 années. La condition fut acceptée, la somme versée, et le nommé Thien échappa à un martyre qui aurait pu, — nous en avons d'autres exemples, — être poussé jusqu'à la mort.

Trois mois après, on arrêta les véritables voleuses, car c'était deux femmes qui furent condamnées, après aveux, à 13 mois de prison.

... Mais le patron ne remboursa pas son domestique, et les policiers indigènes ne furent pas inquiétés.

Ce mal, créé par notre organisation policière, aurait dû sauter aux yeux de M. Varenne, non seulement en tant que Gouverneur Général, mais en tant que député socialiste indigénophile.

Il ne s'en est jamais ému et est dans l'impossibilité *de citer une seule circulaire, signée de lui,* apportant le moindre tempérament aux pratiques de la police vis-à-vis des indigènes.

Bien mieux : saisi par le Comité central de la Ligue des Droits de l'Homme du cas que nous citons, sans promettre ni la moindre sanction ni même la moindre enquête, il a répondu : « *Les « faits que vous me signalez sont d'ailleurs anté- « rieurs à ma prise de service.* »

N'est-ce pas toute la thèse que nous développions dans notre première partie, sous le leit motiv :

« *Je ne veux pas savoir ce qui s'est passé avant* « *moi.* » Traduction libre : « Je m'en lave les mains ! »

Quant au Comité central de la Ligue, il y a, pour lui quelques hauts politiciens qui sont : « Tabou », et M. Varenne est de ceux-là.

. . . .

Ses mesures eussent donc pu être entièrement contenues dans deux circulaires interdisant : la concussion et les violences de la police.

Empêcher la concussion et la corruption, M. Varenne pouvait le tenter et une simple circulaire dans ce sens rappelant les fonctionnaires français et indigènes au respect de leurs devoirs, affirmant sa volonté bien arrêtée d'enrayer la prévarication et invitant les chefs de service, sous leur responsabilité, à sévir avec la dernière énergie, aurait produit le meilleur effet.

Les concussionnaires avérés n'auraient plus osé écraser d'une splendeur mal acquise et des hautes relations que celle-ci leur permettait, l'honnête et modeste fonctionnaire qui se voyait ainsi brimé, mal vu et mis à l'écart.

On aurait alors hésité davantage à pourvoir de cette façon les postes de confiance, et on aurait cessé d'y installer des gens ayant déjà un passé afin de mieux les tenir dans la main.

Par ailleurs, le concussionnaire timide, entraîné par l'exemple des autres, aurait hésité et enfin l'honnête homme aurait pu, à partir de ce moment, relever la tête sans avoir à affronter les regards humiliants et moqueurs de ses collègues d'une autre mentalité que lui.

Dans le monde indigène, les mêmes mesures auraient produit les mêmes résultats, et la population se serait sentie respirer plus à l'aise.

Hélas! M. Varenne n'a pas pris la moindre circulaire dans ce sens, et ses collaborateurs, sur toute l'échelle, se voyant couverts et protégés, n'ont jamais été aussi audacieux que dans la période qu'il a passée au gouvernement général.

Enfin, si M. Varenne, tourmenté par le désir de faire paraître quelque chose de lui à l'*Officiel*, avait voulu rendre un signalé service à l'Indo-Chine et devenir un modèle pour les autres colonies françaises, il avait une réforme extrêmement importante à réaliser : c'était la séparation des pouvoirs.

Après les scandales énoncés, dont le « processus » date de toujours et s'est continué plus que jamais sous son gouvernement, une demande a été faite par l'intermédiaire de la Chambre de discipline des avocats de Saïgon, tendant à ce que la justice soit retirée des mains des résidents dans les pays de Protectorat pour être remise à des juges de profession.

Les justiciables sont écœurés de voir le nombre de mauvais jugements rendus qui, pour la plupart, sont dus à la partialité des représentants du pouvoir exécutif et, pour le reste, à leur incapacité; ils en ont assez de voir ceux-ci se vanter que cette partie de leurs attributions leur est indifférente, car, disent ces incapables, « ce n'est pas leur métier. »

Ici, un texte eût été utile. On a opposé, pour ne pas le prendre, la dépense que cette réforme occasionnerait, il a pourtant été démontré que l'on pourrait supprimer dans les pays de Protectorat un résident sur deux provinces, — ces fonctionnaires n'étant, en réalité, que des collecteurs d'impôts, — et les remplacer numériquement chacun par un juge de carrière ayant juridiction sur ces deux mêmes provinces, ce qui créait une réforme nouvelle et utile, sans pour cela engager la moindre nouvelle dépense.

La garantie ne serait pas encore absolue, mais cependant, les magistrats n'étant pas redevables de leur avancement aux résidents supérieurs et ayant leur conscience professionnelle, les justiciables bénéficieraient d'un peu plus de garantie, en attendant qu'une réforme plus complète et indispensable suive sans tarder : le rattachement de toute la justice coloniale au ministère de la place Vendôme.

Voilà comment M. Varenne, s'il désirait faire paraître quelque chose de lui à l'Officiel, aurait pu contribuer à un peu plus de justice et d'humanité (1).

---

(1) Un bruit, tout à fait récent, nous apprend qu'un projet réglant cette question serait à la signature. Nous en profitons donc pour dire tout de suite que si ce bruit est fondé, ce sera la première mesure générale et véritablement heureuse prise par M. Varenne. Ces félicitations données en toute impartialité montreront que notre ouvrage n'est animé d'aucun parti pris.

CONCLUSION

Nous concluons donc qu'avec le bagage de textes que M. Varenne avait à sa disposition en arrivant en Indo-Chine, — mais à la condition de s'en servir, — il pouvait faire œuvre très utile en faveur de l'indigène, et qu'il ne l'a pas fait. Il n'a jamais exigé que les règlements, qui le protégeaient, soient appliqués, ni veillé à ce que ceux-ci soient traités avec « PLUS DE JUSTICE ET D'HUMANITÉ » ; par contre, il a couvert tous les excès dont nos malheureux sujets étaient les victimes.

Quant à ses réformes, elles se réduisent à fort peu de choses et, en ce disant, nous lui faisons la part belle. Celles dont il se vante n'ont jamais eu pour bénéficiaire qu'une classe extrêmement réduite, qui ne représente même pas 150.000 personnes comprenant : les lettrés et les indigènes aisés, — sur une population de 28 millions.

Cela lui permet de trouver, pour le couvrir de fleurs, le jour où il en a besoin, quelques Annamites de la classe privilégiée, trop facilement oublieux de leurs compatriotes, influencés par la griserie qui se dégage de l'atmosphère du pouvoir et par des espoirs encore souvent imprécis, mais égoïstes.

Encore, dans cette classe, sont-ils si peu nombreux qu'ils ressemblent plutôt à des isolés qu'à un parti constitué, surtout si nous lisons les articles de la presse locale indigène, qui, à l'unanimité, emprunte un ton différent.

Eût-on encore fait quelque chose pour cette élite aisée — de la classe du patron Dong, dont nous vous avons conté l'histoire — il restait « TOUT » à faire pour les 28 millions, — de la classe du nommé Thien, son coolie en même temps que sa victime.

La répression de la concussion et de la corruption, la réforme des mœurs policières et celle de la justice résidentielle : voilà des mesures qui auraient profité à tous, du grand au petit — et surtout au petit.

Mais il aurait fallu frapper trop haut dans l'échelle sociale, tant indigène que française... et M. Varenne a préféré ne pas frapper du tout.

Oui... nous aurions voulu voir le socialiste Varenne s'inspirer surtout des besoins et des souffrances de la masse du peuple et ne pas commencer par s'intéresser tout d'abord à une simple élite, dont il essaie de se faire une Cour, qui vivra, au maximum, ce que vivra sa suzeraineté. Aussi, devons-nous reconnaître une fois de plus que, chez lui comme chez ses prédécesseurs : « *De minimis, non curat Pretor.* »

. . . .

Et maintenant, réfléchissons ensemble et sans parti pris : Vous avez vu, par des preuves et des documents, comment est traité l'indigène en Indo-Chine sous le gouvernement actuel.

Si la France était traitée de même par un pays colonisateur : ... pendant qu'on vous refuserait la justice, que penseriez-vous, vous Français, des belles réformes pour la prospérité du pays qu'on prétendrait vous apporter?

... Représentez-vous la France tombée sous la domination d'un peuple plus avancé qu'elle en civilisation, et qui, sous prétexte de lui apporter la richesse et de mettre en valeur les biens qu'elle ne sait pas exploiter, y installerait ses nationaux, s'emparerait de ses terres, brutaliserait ses habitants, les mettrait en prison sous de futiles prétextes — parfois rien que par représailles ou pour leur soutirer de l'argent — et les obligerait, sous les coups et autres atrocités, à reconnaître des crimes qu'ils n'auraient pas commis?

Ne pensez-vous pas que tous les Français ne feraient qu'un bloc avec les victimes, et qu'aucune richesse, qu'aucune mise en valeur du pays, qu'aucun bienfait de la civilisation importée n'aurait la moindre répercussion dans leur cœur avant que les coupables de ces crimes odieux n'aient reçu leur châtiment?

— Non, certes.

— Poussez maintenant la comparaison jusqu'au bout.

Ne nourririez-vous pas des pensées de haine et de vengeance, vous, Français, asservis, si vous voyiez qu'au lieu de punir vos oppresseurs, on les décore et on les comble d'honneurs dans leur propre pays, enfin qu'ils reçoivent des félicitations publiques de leur gouvernement?

— Que pensez-vous alors aujourd'hui, lorsque vous voyez des banquets organisés pour que des personnages officiels, ravalant ainsi le bon renom de la France, viennent proclamer que cette politique indigène est conforme à celle qu'ils ont voulue, et celle que le peuple français tout entier entend appliquer en Extrême-Orient.

Jetez un dernier regard sur ces manchettes de journaux annamites et vous serez édifié : le titre suffit (*Echo Annamite* du 18 novembre 1926) :

Toujours ce prestige du conquérant
AUTOUR DE LA RETRAITE
DU RÉSIDENT SUPÉRIEUR BAUDOIN
ACCUSÉ DES PLUS GRANDS MÉFAITS
LE TRISTE HÉROS DU BOCKOR
EST FÉLICITÉ PAR LE MINISTRE DES COLONIES,
LÉON PERRIER

Rendez-vous compte que votre système « militariste », le « Vous avez tort d'avoir raison! », ne trompe personne, les races d'Extrême-Orient moins que toutes autres, et qu'en voulant trop leur prouver, vous ne prouvez rien, qu'une chose peut-être : c'est que vous êtes le règne de la Force et qu'il est impossible de fonder sur vous dans ces conditions un espoir de justice.

N'oubliez pas que la morale du pays, que vous colonisez, remonte è Confucius... et qu'à l'époque de ce philosophe, l'Occident était bien loin en arrière.

N'oubliez pas que ce qui, par la suite, a fait la faiblesse des peuples orientaux : c'est de trop cultiver les sciences de l'esprit : les lettres et la philosophie, en délaissant les sciences qui rendent un peuple fort et puissant; mais que tout le déploiement de votre autorité pour imposer et glorifier dès injustices, ne s'imposera jamais à des esprits qui sont plus avancés que vous en psychologie... à des peuples qui, de tous temps, ont mis le rang du premier mandarin militaire — c'est-à-dire de celui qu'ils considéraient comme imbus des principes que vous pratiquez — après le dernier des mandarins civils, c'est-à-dire des véritables lettrés et des penseurs.

N'oubliez pas non plus les raisons qui ont milité en faveur de notre installation en Indo-Chine, dans ce pays où le voyageur isolé peut circuler la nuit avec plus de sécurité sur les routes les plus désertes et les plus perdues qu'en plein cœur de Paris.

N'oubliez pas qu'au lendemain de 1848, ce peuple, las d'être l'esclave de ses mandarins concussionnaires et prévaricateurs, a ouvert les bras aux héros de cette Révolution qui avait aboli l'esclavage et leur a dit : « Je crois en vos promesses, débarrassez-nous de notre administration pourrie » ...et il a été moralement notre allié contre ceux qui le gouvernaient.

Des années ont passé... et, aujourd'hui, il s'aperçoit que nous faisons, — et d'une façon beaucoup plus onéreuse pour lui, — ce qu'il reprochait à ses mandarins de jadis : jugez de son désappointement.

Il s'est plaint; toutes ses doléances n'ont pu traverser les mers, mais cependant quelques-unes ont été entendues... et on lui a envoyé un gouverneur socialiste!

Ce fut une explosion de joie... suivie d'une déception profonde : ce gouverneur socialiste était taillé sur le même patron que les gouverneurs réactionnaires qui l'ont précédé; il a même été plus loin qu'eux; IL A RÉCLAMÉ LE DROIT RÉGALIEN D'EXPULSION QUE LES AUTRES N'AVAIENT JAMAIS OSÉ RÉCLAMER, et, au demeurant, il a fait la même politique qu'eux. Or, contre lui, le peuple opprimé ne peut même plus — pour des raisons de camaraderie parlementaire — trouver un écho et un appui près des groupes avancés, qui, autrefois, lui tendaient la main.

Ne soyez pas étonnés, en conséquence, que, demain, dans son désespoir, il ne songe plus qu'à une chose : COMPTER SUR LUI SEUL.

LETTRE DE M. LÉON PERRIER

MINISTRE DES COLONIES

A M. MARIUS MOUTET, Député

« *Par lettre du 24 février dernier, vous m'avez*
« *demandé quand il vous serait possible de prendre*
« *connaissance du dossier de la Mission d'Inspec-*
« *tion chargée d'enquêter en Indo-Chine sur les*
« *agissements de M. Baudoin, et dans quelles con-*
« *ditions, vous pouvez obtenir cette communica-*
« *tion.*

« *Je m'empresse de porter à votre connaissance*
« *qu'une telle communication est impossible et je*
« *vous en exprime tous mes regrets.*

« *Veuillez agréer, etc...*

Signé : PERRIER. »

Imp. J. Laffray, 108, r. Championnet-18e